O CRISTIANISMO DESVELADO OU EXAME DOS PRINCÍPIOS E EFEITOS DA RELIGIÃO CRISTÃ

Editora Appris Ltda.
1.ª Edição - Copyright© 2021 do autor
Direitos de Edição Reservados à Editora Appris Ltda.

Nenhuma parte desta obra poderá ser utilizada indevidamente, sem estar de acordo com a Lei nº 9.610/98. Se incorreções forem encontradas, serão de exclusiva responsabilidade de seus organizadores. Foi realizado o Depósito Legal na Fundação Biblioteca Nacional, de acordo com as Leis nos 10.994, de 14/12/2004, e 12.192, de 14/01/2010.

Catalogação na Fonte
Elaborado por: Josefina A. S. Guedes
Bibliotecária CRB 9/870

D535l 2021	D'Holbach, Barão O cristianismo desvelado ou exame dos princípios e efeitos da religião cristã / Barão D'Holbach; tradução Eli Berto Dambros. - 1. ed. - Curitiba : Appris, 2021. 139 p.; 23 cm. Inclui bibliografia. ISBN 978-65-250-1650-4 1. Cristianismo. 2. Ateísmo. 3. Materialismo. I. Dambros, Eli Berto. II.Título. III. Série. CDD – 230

Appris editora

Editora e Livraria Appris Ltda.
Av. Manoel Ribas, 2265 – Mercês
Curitiba/PR – CEP: 80810-002
Tel. (41) 3156 - 4731
www.editoraappris.com.br

Printed in Brazil
Impresso no Brasil

BARÃO D'HOLBACH

O CRISTIANISMO DESVELADO OU EXAME DOS PRINCÍPIOS E EFEITOS DA RELIGIÃO CRISTÃ

Tradução
ELI BERTO DAMBROS

FICHA TÉCNICA

EDITORIAL	Augusto V. de A. Coelho
	Marli Caetano
	Sara C. de Andrade Coelho
COMITÊ EDITORIAL	Andréa Barbosa Gouveia (UFPR)
	Jacques de Lima Ferreira (UP)
	Marilda Aparecida Behrens (PUCPR)
	Ana El Achkar (UNIVERSO/RJ)
	Conrado Moreira Mendes (PUC-MG)
	Eliete Correia dos Santos (UEPB)
	Fabiano Santos (UERJ/IESP)
	Francinete Fernandes de Sousa (UEPB)
	Francisco Carlos Duarte (PUCPR)
	Francisco de Assis (Fiam-Faam, SP, Brasil)
	Juliana Reichert Assunção Tonelli (UEL)
	Maria Aparecida Barbosa (USP)
	Maria Helena Zamora (PUC-Rio)
	Maria Margarida de Andrade (Umack)
	Roque Ismael da Costa Güllich (UFFS)
	Toni Reis (UFPR)
	Valdomiro de Oliveira (UFPR)
	Valério Brusamolin (IFPR)
ASSESSORIA EDITORIAL	Milene Salles Milene Salles
REVISÃO	Juliana Pereira Sant'Ana Santos
PRODUÇÃO EDITORIAL	Bruna Holmen
DIAGRAMAÇÃO	Danielle Paulino
CAPA	Eneo Lage
COMUNICAÇÃO	Carlos Eduardo Pereira
	Débora Nazário
	Karla Pipolo Olegário
LIVRARIAS E EVENTOS	Estevão Misael
GERÊNCIA DE FINANÇAS	Selma Maria Fernandes do Valle

Supersticio error infanus est, amando timet, quos colit violat; qui enim interest, utrum Deos neges, an infames?

(A superstição é um erro e uma loucura que receia os deuses em vez de o amar, e os profana em vez de lhes prestar culto. Que diferença há, de fato, entre negar os deuses e profaná-los?)

(Sêneca, Epístola 123)

SUMÁRIO

O CRISTIANISMO DESVELADO 9
Eli Berto Dambros

PREFÁCIO – CARTA DO AUTOR
PARA O SENHOR*** 15

O CRISTIANISMO DESVELADO

CAPÍTULO I
INTRODUÇÃO - DA NECESSIDADE DE EXAMINAR A RELIGIÃO E DOS OBSTÁCULOS QUE SE ENCONTRAM NESSE EXAME 25

CAPÍTULO II
BREVE HISTÓRIA DO POVO JUDEU 31

CAPÍTULO III
BREVE HISTÓRIA DO CRISTIANISMO 35

CAPÍTULO IV
DA MITOLOGIA CRISTÃ, OU DAS IDEIAS QUE O CRISTIANISMO NOS DÁ ACERCA DE DEUS E DE SUA CONDUTA 41

CAPÍTULO V
DA REVELAÇÃO 47

CAPÍTULO VI
DAS PROVAS DA RELIGIÃO CRISTÃ, DOS MILAGRES, DAS PROFECIAS E DOS MÁRTIRES 51

CAPÍTULO VII
DOS MISTÉRIOS DA RELIGIÃO CRISTÃ 61

CAPÍTULO VIII
OUTROS MISTÉRIOS E DOGMAS DO CRISTIANISMO 67

CAPÍTULO IX
DOS RITOS, DAS CERIMÔNIAS MISTERIOSAS OU DA TEURGIA DOS CRISTÃOS 73

CAPÍTULO X
DOS LIVROS SAGRADOS DOS CRISTÃOS 77

CAPÍTULO XI
DA MORAL CRISTÃ 83

CAPÍTULO XII
DAS VIRTUDES CRISTÃS 91

CAPÍTULO XIII
DAS PRÁTICAS E DOS DEVERES DA RELIGIÃO CRISTÃ 105

CAPÍTULO XIV
DOS EFEITOS POLÍTICOS DA RELIGIÃO CRISTÃ 113

CAPÍTULO XV
DA IGREJA OU DO SACERDÓCIO DOS CRISTÃOS 121

CAPÍTULO XVI
CONCLUSÃO 133

O CRISTIANISMO DESVELADO

Paul Heinrich Dietrich von Holbach, barão de Holbach, nasceu na cidade de Edesheim, Alemanha, em 8 de dezembro de 1723. Filho de uma família de posses, passou a maior parte de sua vida em Paris, ali foi educado e recebeu uma instrução marcadamente erudita. Muitos amigos o caracterizavam como um indivíduo culto, amante das letras, benfeitor, caridoso, entre outras mais.

Para entender o pensamento de Holbach, precisamos entender a atmosfera que circundava a Europa, em especial a França durante os séculos XVII e XVIII; nesses tempos eram comuns os chamados *salões*, centros de reuniões nos quais importantes figuras se juntavam para mostrar e apreciar os dotes geniais uns dos outros, eram locais em que a erudição transbordava. Holbach, homem com uma riqueza considerável, não estava alijado dessa "moda". Fazendo de seu lar um local de pensamento livre, um instituto de livre pensadores, manteve um dos salões parisienses mais extraordinários e pródigos[1]*.

Estes salões foram importantíssimos para que se criasse na França, nesses séculos, um próspero e frutífero espírito filosófico. Pensamento filosófico que se guiava pelo espírito iluminista, cujo ponto de partida estava alicerçado nos progressos que a razão proporcionava aos homens, em oposição à nebulosidade existente até os séculos recentes com o domínio da igreja. Esta razão deveria ser a orientadora no desvelamento do verdadeiro e do falso em todas as instâncias, dentre as quais, a política, a moral e, também, a religião.

Combatente ferrenho pela liberdade, via como instrumentos de tirania os dogmas religiosos, sobretudo aqueles promovidos pela igreja católica. Com um imenso desejo de emancipar o gênero humano, Holbach desenvolveu sua obra em torna da ideia de que Deus e tudo a ele ligado aprisionam o ser humano a um mundo de ignorância, opondo a esta ideia de Deus, a matéria e o movimento, ou seja, aquilo que ele denominava Natureza.

---

[1] * De 1700 a 1750, podemos destacar como importantes salões os da duquesa de Maine, o da marquesa de Lambert, que frequentavam Fontenelle, Montesquieu e Marivaux; o da marquesa de Tencin; o de madame du Deffand, onde começaram a reunir-se, com os familiares de madame de Tencin, os filósofos d'Alembert, Turgot, entre outros. Tem-se também o de madame Geoffrin, onde se encontravam diversos filósofos importantes; o de madame Epinay, Necker e mademoiselle de Lespinasse, e enfim, os de madame Helvetius e madame de Holbach, que era o centro de reunião dos enciclopedistas. Cf. HOLBACH. *Moisés, Jesús y Mahoma*. Madri: Ediciones Ibéricas, 2011. p. 9.

Neste sentido, a única saída para o homem, para a sua emancipação, seria através da educação isenta de qualquer dogma religioso, pois é "na infância que recebemos todas as impressões que querem nos dar"; porém, é com "a religião, cujos preceitos foram inculcados desde a infância e são repetidos incansavelmente", que o homem submerge em um mar de ignorância sem fim. Politicamente, por mais que Holbach se opunha a um despotismo, não se mostrava muito animado com a democracia, justamente por causa das incuráveis superstições que podem ser observadas entre os povos, as quais causam sérios problemas para o bom andamento da sociedade.

Holbach começou sua empreitada literária com *Lettre à une dame d'un certain âge sur l'état présent de l'opéra*, no ano de 1752. Entretanto, não era este o itinerário que sua reflexão tendia a direcioná-lo, o que ele realmente gostava era o desenvolvimento das ciências naturais. Assim, nesse primeiro período de sua vida, que durou aproximadamente quatorze anos (1752 – 1766), traduziu para o francês importantes livros publicados na Alemanha (lembrando que Holbach era, para todos os efeitos, alemão), relacionados às ciências naturais[2*]. Por esses motivos, conquistou uma erudição admirável em vários campos do conhecimento, tal erudição em torno dos mais variados conhecimentos científicos o fez questionar veementemente e com grande autoridade tudo aquilo que se referia aos supostos conhecimentos metafísicos-teologais.

Após essa viagem no munda das ciências naturais, Holbach passou a desenvolver sua reflexão filosófica em torno do problema religioso, e o primeiro texto dessa nova empreitada foi *Le christianisme dévoilé, ou examen des principes et des effets de la religion chrétienne,* esta obra apareceu no ano de 1766 assinada com o nome de Nicolas Antoine Boulanger[3*]. O texto que hora traduzimos, *O cristianismo desvelado ou exame dos princípios e dos efeitos da religião cristã*, foi um dos primeiros escritos de Holbach que agride, acidamente e impiedosamente, o cristianismo; ele ataca abertamente com tamanha coragem e violência a religião cristã como jamais havia sido feito[4*].

---

[2] * Cf. HOLBACH, 2011, p. 6.

[3] * Cf. SADRIN, P. Nicolas-Antoine Boulanger (1722-1759). *Library Gazette*, New Haven, v. 71, n. 1/2, p. 32-42, out. de 1996.

[4] * Esta obra faz parte daquilo que Pierre Naville chama de "primeiro período" da produção holbachiana. Naville distingue três momentos distintos na produção de Holbach. A primeira fase consiste nos escritos que surgiram antes de sua obra magna, *Sistema da natureza*, de 1770 e que contém as primeiras ásperas críticas às Religiões, sobretudo às monoteístas. A segunda é aquela que se desenvolve em torno do *Sistema da natureza*. Essa fase, de acordo com Naville, constitui-se no período de máximo desenvolvimento do ateísmo de Holbach e uma reflexão mais profunda sobre a problemática religiosa. A terceira fase desenvolve-se a partir do ano de 1773 e está concentrada na reorganização moral e social cuja base é o *Sistema da natureza*. Cf. NAVILLE, P. *D'Holbach et la philosophie scientifique au XVIII siècle*. Paris: Gallimard, 1967.

A partir deste escrito, Holbach desenvolveu uma longa e intensa batalha contra o cristianismo, atacando, sobretudo, o catolicismo. Este texto foi o estopim para as obras críticas que vieram a seguir, tais como: *L'Antiquité dévoilée par ses usages, ou Examen critique des principales opinions, cérémonies et institutions religieuses et politiques des différens peuples de la terre*, 1766; *Le Contagion sacrée, ou Histoire naturelle de la superstition*, 1768; *Théologie portative, ou Dictionnaire abrégé de la religion chrétienne*, 1768; *Histoire critique de Jésus-Christ, ou Analyse raisonnée des évangiles* 1770. No mesmo ano de 1770, vem a público a obra magna de Holbach, *Systéme de la Nature, ou Des lois du Monde Physique et Moral*, esta partia da premissa de que: "o homem é obra da natureza, existe na natureza, está submetido às suas leis; ele não pode livrar-se dela, não pode, nem mesmo em pensamento, sair dela"[5*], ou seja, o homem é puramente físico, portanto, o homem moral nada mais é do que o homem físico considerado sob determinadas regras da natureza; nada existe para ele fora da natureza. Deste seu posicionamento, princípios como o materialismo, o ateísmo, a negação da metafísica, tão combatidas até então, se desenvolveram com toda lógica, audácia e erudição necessárias.

De forma didática, tomamos a liberdade de dividir esta obra em quatro partes:

Na primeira parte – capítulos 1 ao 4 – Holbach se preocupa em mostrar porque é necessário analisar criticamente as religiões, suas mais variadas contradições encontradas nas regras contidas nos dogmas religiosos (judaísmo, cristianismo), a mitologia que advém de tais dogmas, principalmente na figura de Jesus Cristo, e a consequente construção do cristianismo, expressado sobretudo no catolicismo.

Na segunda parte – capítulos 5 ao 9 – é possível observar o desenvolvimento de uma reflexão mais específica do cristianismo, a qual gira em torno dos dogmas, dos mistérios e da organização ritualística desta religião e como estes são, para Holbach, ridículos.

Na sequência – capítulos 10 ao 13 – ele passa a demonstrar que a moral cristã não é melhor que qualquer outra moral que possa ser comparada a ela. Entretanto, o filósofo desenvolve uma reflexão na qual procura mostrar a decrepitude dessa moral, denunciando-a como muito mais prejudicial à vida do indivíduo em sociedade, e destruindo a própria sociedade como local de harmonia e paz.

---

[5] * HOLBACH. *Sistema da natureza*. Tradução de Regina Schöpke e Mauro Baladi. São Paulo: Martins Fontes, 2010. p. 31.

Por fim – capítulos 14 ao 16 – Holbach procura demonstrar que a religião cristã é extremamente prejudicial aos interesses políticos do Estado no qual se insere, conduzindo-o à brutalização.

Após uma vida de intensa produção literária, em Paris, no dia 21 de janeiro de 1789, vinha a falecer esse tão notável materialista, defensor infatigável da liberdade da razão e um dos arautos do ateísmo moderno.

Conhecido, mas tão relegado na academia, principalmente por ter uma posição muito clara em relação ao mal que a religião faz, em especial a tríade monoteísta, isto é, o judaísmo, o cristianismo e o islamismo, Holbach despertou e ainda desperta pouco interesse no Brasil, talvez por esse país ser demasiadamente envolto a essas práticas religiosas, o que causa algum desconforto abordar temas tão sensíveis. Não estamos na era da inquisição tradicional de meados da Idade Média, no entanto ainda perdura uma inquisição velada e moderna quando se trata de temas caros e polêmicos como, nas palavras do filósofo, a inutilidade da religião, ou melhor, a utilidade interesseira desta. Desse modo, até o momento temos apenas três obras do pensador traduzidas em nossa língua[6*] e pouquíssimos estudos acadêmicos significativos a respeito do pensamento holbachiano, principalmente quando se trata do seu posicionamento em relação às religiões.

Se Holbach não é original ao tecer críticas — em especial nesta obra — ao cristianismo, em criar uma teoria ateísta, ele constrói uma base argumentativa, por mais que em alguns momentos careçam de profundidade e provas, interessante em relação à ação — negativa — das religiões em nossa sociedade. Holbach foi aquele que sistematizou os pensamentos dispersos de tantos outros pensadores anônimos que pregavam uma forma de ateísmo[7*] ou desacreditavam veementemente a ação dos "santos" religiosos[8*]. Por mais que tenhamos indícios de posições questionadoras quanto à existência dos deuses e a validade das religiões já na Antiguidade, sobretudo

---

[6] * Estas obras são: *Sistema da natureza ou Das leis do mundo físico e do mundo moral*. Tradução de Regina Schöpke e Mauro Baladi. São Paulo: Martins Fontes, 2010; *Teologia portátil ou dicionário abreviado da religião cristã*. Tradução de Regina Schöpke e Mauro Baladi. São Paulo: Martins Fontes, 2012; *A moral universal ou os deveres do homem fundado na sua natureza*. Tradução de Regina Schöpke e Mauro Baladi. São Paulo: Martins Fontes, 2014.

[7] * Sobre os diversos tipos de ateísmo, ainda que seja uma análise um tanto superficial, pois o texto não se aprofunda na questão e também não aborda vários pensadores cruciais para o desenvolvimento do ateísmo moderno, tais como Meslier e Holbach e, a meu ver, em alguns aspectos equivocada, pode-se conferir o livro: GRAY, John. *Sete tipos de ateísmo*. Tradução de Clóvis Marques. Rio de Janeiro: Record, 2021.

[8] * Cf. ÁVILA, F. R. *Natureza e imanência*: o sistema da natureza de Holbach. São Paulo: Alameda, 2019. p. 45. MINOIS, G. *História do ateísmo*. Tradução de Flávia Nascimento Falleiros. São Paulo: Unesp, 2014. MINOIS, G. *História do futuro*: dos profetas à prospectiva. Tradução de Mariana Echalar. São Paulo: Unesp, 2016.

pelos materialistas, somente no século 18 vamos ter, de fato, a formação de um pensamento sistemático em torno dessa problemática da forma que chegou até nós[9]*.

Obviamente, Holbach escreve a partir de sua época, Era em que a igreja católica romana ainda dominava os quatro cantos da Europa. Porém, esse ataque específico poderia muito bem, em nossos dias, ser direcionado — talvez menos à Igreja Católica — a essa enxurrada de novas denominações no interior do cristianismo, seitas, em sua maioria, com propósitos nada "cristãos" — ou melhor, bem cristãos nas palavras de Holbach — na sociedade.

Holbach abriu as portas para uma gama de pensadores posteriores que se aventuraram, e se aventuram, na reflexão em torno da necessidade, ou não, da religião, na sociedade. Pensadores, por vezes anônimos, outros bem reconhecidos, porém perseguidos e criminalizados por colocarem as religiões no banco dos réus. Em breves palavras, poderíamos destacar alguns posicionamentos e pensamentos que, se não foram decorrentes de uma influência direta do pensador francês, devem a ele o desbravamento do caminho.

Quando observarmos seriamente para o nosso país, é bem verdade que o vemos como um Estado altamente religioso — por mais que a Constituição de 1988, em seu artigo quinto garanta a laicidade — e reflexões em torno dos problemas causados, na sociedade, pela religião, são desafiadores e exigem coragem. Esta verdade se desvela quando realizamos uma rápida busca por traduções em nossa língua de obras ditas "ateias" ou que levam a uma reflexão não convencional das religiões; encontraremos meia dúzia delas.

Em uma eleição estadunidense, vários sites destacaram a religião — ou melhor, a igreja — a que pertence o presidente eleito. A partir desse exemplo, a pergunta que se põe, de maneira bem simples é: para bem governar, entendido no sentido de produzir coisas boas e úteis para a população, qual a importância, a relevância de se pertencer à igreja A ou B, à religião C ou D? É apenas um campo de barganha como foi desde tempos imemoriais.

Enfim, retornando ao texto aqui vertido, vemos que o exercício da tradução é uma arte. Verter um texto de uma língua à outra exige, além do conhecimento do tema, crucial para não incorrermos a erros crassos, paciência. Por mais que a ideia do autor seja compreendida, qual é a melhor maneira de transmiti-la ao leitor? Quais palavras usar para ao mesmo tempo

---

[9] * Cf. THROWER, J. *Breve história do ateísmo ocidental*. Tradução de Ana M. Tello e Mariana P. Monteiro. Lisboa: Setenta, 1971. BERMAN, D. *A history of atheism in Britain*: from Hobbes to Russell. Abingdon: Routledge, 2013.

ser fiel ao texto original, ou ao menos com a máxima fidelidade, e deixá-lo em uma linguagem acessível para o nosso tempo? Nesse sentido, a tradução acaba sendo uma nova obra que deve levar a ideia do autor, já consagrado, como algo novo, instigante, interessante e útil.

Nesta tradução, inédita no Brasil, de um dos mais importantes pensadores do século 17, Paul-Henri Dietrich, popularmente conhecido como Barão de Holbach, buscou-se ao mesmo tempo a fidelidade às palavras usadas pelo autor com a coerência e sentido ao transliterar certas passagens para a nossa língua. Preferiu-se, algumas vezes, deixar palavras mais rebuscadas em vez de trocá-las por termos mais brandos justamente por entendermos que a ideia de Holbach e o seu posicionamento em relação ao tema da obra, seja de aversão, e que, de fato, o uso de tais palavras é proposital. Por vezes, algumas frases de difícil tradução foram redigidas a partir do entendimento e do conhecimento do tradutor em relação ao tema e ao pensamento do autor. Assim, as críticas ao texto apresentado serão bem-vindas, nos locupletar-se-ão com novos conhecimentos, levando-nos a melhores traduções no futuro.

Esta tradução foi feita a partir do original francês de 1766. As referências, assim como as indicações de obras no decorrer do texto, estão relacionadas às consultas e leituras realizadas durante a pesquisa e a tradução. Quando disponíveis, referenciei as obras citadas por Holbach com sua tradução em português. As notas enumeradas são do próprio Holbach, as demais são inserções do tradutor, dessa forma, no decorrer do texto, quando possível e pertinente, agregaram-se informações sobre algumas personalidades e passagens citadas por Holbach devidamente identificadas como notas do tradutor (N. T.), assim como referências a obras que abordam os temas citados pelo autor. Preferiu-se também deixar muitos dos nomes próprios no original (Henry, Louis etc.), entretanto, por termos uma tradição já estabelecida, certas alcunhas foram referenciadas em língua portuguesa (Agostinho, Orígenes etc.). Assim, esperamos que esta edição seja de bom grado aos apreciadores de um bom texto filosófico.

A tradução da frase de Sêneca foi retirada de:

SÊNECA. *Cartas a Lucílio*. 6. ed. Tradução de J. A. Segurado e Campos. Lisboa: Fundação Calouste Gulbenkian, 2018. p. 697.

Eli Berto Dambros

PREFÁCIO – CARTA DO AUTOR

PARA O SENHOR***

Recebo, senhor, com gratidão as observações feitas ao meu trabalho. Embora reconhecendo o elogio que fazes dela, amo demais a verdade para me incomodar com a franqueza com que propõe suas objeções; são sérias o suficiente para merecer toda a minha atenção. Seria pouquíssimo filósofo não ter a coragem de ouvir opiniões contrárias. Não somos como os teólogos: nossas disputas são daquelas que acabam de forma amigável, elas não devem em nada, se parecer com aquelas dos apóstolos da superstição, que somente buscam se surpreender mutuamente com argumentos capciosos e que à custa da boa-fé combatem somente para defender a causa de sua própria vaidade e de sua própria teimosia. Ambos queremos o bem do gênero humano; buscamos a verdade; nisso não podemos deixar de concordar.

Vós começais admitindo a necessidade de examinar a religião e submeter vossas opiniões ao tribunal da razão; concordais que o cristianismo não pode tolerar esse exame e que, aos olhos do bom senso, aparecerá sempre como um tecido de absurdos, fábulas desconexas, dogmas insensatos, cerimônias pueris e noções emprestadas dos caldeus, dos egípcios, dos fenícios, dos gregos e dos romanos. Em suma, admitis que esse sistema religioso não é mais do que um produto insano de quase todas as antigas superstições nascidas do fanatismo oriental e modificadas pelas diversas circunstâncias, tempos, interesses, caprichos, preconceitos daqueles que, desde então, se disseram inspirados ou enviados de Deus, intérpretes de suas novas vontades.

Estremeceis com os horrores que o espírito intolerante dos cristãos fê-los cometer todas as vezes que tiveram o poder; acreditais que uma religião fundada em um Deus sanguinário não pode deixar de ser uma religião de sangue, observais com estremecimento esse frenesi que apreende, desde a infância, as mentes dos príncipes e dos povos, fazendo-os, ao mesmo tempo, escravos da superstição e de seus sacerdotes, impedindo-os de conhecer seus verdadeiros interesses, tornando-os surdos à razão e os desviando dos grandes objetivos com os quais deveriam se ocupar. Reconheceis que uma religião fundada no entusiasmo, ou em uma impostura, não pode ter princípios sólidos, devendo ser uma fonte eterna de disputas, e acaba sempre a causar distúrbios, perseguições e devastação, sobretudo quando o poder político é considerado indispensável e obrigado a fazer parte de suas querelas. Finalmente, concordais que um bom cristão, que segue literalmente a conduta que o Evangelho prescreve como a mais perfeita, não conhece nesse mundo nenhuma das razões em que a verdadeira moral está fundada; esse só pode ser um misantropo inútil, se lhe falta energia, e um fanático turbulento, se a alma estiver excessivamente aquecida.

Após essas confissões, como podeis julgar que o meu trabalho é perigoso? Dizeis *que o sábio deve pensar por si só*; que o povo necessita de uma religião, boa ou má; que ela é um freio necessário para espíritos simples e grosseiros, sem a qual, não teriam motivos para abster-se dos crimes e dos vícios. Considerais a reforma dos preconceitos religiosos como impossível. Julgais que os príncipes, únicos capazes de conseguir, possuem maiores interesses em manter seus súditos em uma cegueira da qual se aproveitam. Essas são, se não me engano, as objeções mais fortes que fizestes e que tentarei invalidar.

Primeiro, não acredito que um livro possa ser perigoso para o povo. As pessoas não leem mais do que raciocinam, não dispõem de tempo para esse lazer, nem capacidade para isso. Por outro lado, não é a religião, mas a lei que deve conter as pessoas comuns. Quando um insensato lhes dissesse para roubar ou para assassinar, a forca as alertaria para não o fazer. Além disso, se por acaso houvesse entre o povo um homem capaz de ler uma obra filosófica, certamente esse homem não seria comumente um vilão a ser temido.

Os livros são feitos apenas para parte de uma nação, cujas circunstâncias, sua educação, seus sentimentos, dispõem-na acima do crime. Essa parte esclarecida da sociedade, que governa a outra, lê e julga as obras: se contêm máximas falsas ou prejudiciais, logo são condenadas ao esquecimento ou devotados à execração pública; se contêm verdades, não correm perigo algum. Os sacerdotes e os ignorantes são os fanáticos que fazem revoluções; as pessoas esclarecidas, desinteressadas e sensatas são sempre amigas da serenidade.

Não sois vós, senhor, do número desses pensadores pusilânimes que acreditam que a verdade possa ser capaz de prejudicar, ela somente causa danos àqueles que enganam os homens, para os demais seres humanos ela sempre será útil. Vós deveis estar convencido, há muito tempo, de que todos os males que afligem nossa espécie provêm de nossos erros, de nossos interesses incompreendidos, de nossos preconceitos e das ideias falsas que atribuímos aos objetos.

Na verdade, com um pouco de reflexão, é fácil ver que são, em particular, os preconceitos religiosos que corromperam a política e a moral. Não são essas ideias religiosas e sobrenaturais que fizeram ver os soberanos como deuses? Foi a religião, portanto, que pariu déspotas e tiranos; esses erigiram leis ruins[10]; seu exemplo corrompeu os grandes; os grandes corromperam os povos; os povos viciados tornaram-se escravos infelizes, ocupados em prejudicar os outros para agradar à grandeza e para sair da miséria. Os reis foram chamados de *imagem de Deus;* foram absolutos como ele; criaram o justo e o injusto; suas vontades santificaram, muitas vezes, a opressão, a violência, a pilhagem; por esse meio tão baixo, pelo vício e pelo crime, obtiveram favores. Dessa forma é que as nações se encheram de cidadãos perversos, os quais, sob chefes corrompidos por noções religiosas, fizeram continuamente guerra aberta, ou clandestina, sem motivo algum para praticar a virtude.

Nas sociedades assim constituídas, o que a religião pode fazer? Seus terrores distantes, ou suas promessas inefáveis, alguma vez impediram os homens de se renderem as suas paixões ou de buscarem sua felicidade por meios mais fáceis? Essa religião influenciou os costumes dos soberanos, que lhe devem seu poder divino? Não vemos príncipes, cheios de fé, empreenderem a todo momento as guerras mais injustas; esbanjarem inutilmente o sangue e os bens de seus súditos; arrancarem o pão das mãos do pobre para aumentar os tesouros do rico insaciável; permitirem e até mesmo ordenarem o roubo, as concussões e as injustiças? Essa religião, que tantos soberanos observam como o suporte do seu trono, tornam-nos mais humanos, mais regrados, mais temperantes, mais castos e mais fiéis a seus juramentos? Ai de mim! Por pouco que consultarmos a história, veremos nela soberanos ortodoxos, zelosos e religiosos até o escrúpulo serem, ao mesmo tempo, perjuros, usurpadores, adúlteros, ladrões, assassinos, homens, enfim, que agem como se não temessem esse Deus a quem honram com os lábios. Entre esses cortesões que os rodeiam, veremos uma aliança contínua entre cristianismo e crime, devoção e iniquidade, fé e humilhações,

---

[10] Esta verdade pode ser observada claramente nas *Investigações sobre a origem do despotismo oriental.**

* *Recherches sur l'origine du Despotisme Oriental.* Obra póstuma atribuída a Nicolas Antoine Boulanger, em 1762, mas que, provavelmente, é do próprio Holbach (N. T.).

religião e traições. Entre esses sacerdotes de um Deus pobre e crucificado, que fundam sua existência sobre a religião, que afirmam que sem ela não pode haver moral, não vemos reinar o orgulho, a avareza, a lubricidade, o espírito de dominação e de vingança[11]? Suas pregações contínuas e reiteradas por tantos séculos influenciaram efetivamente os costumes das nações? As conversões que resultam de seus discursos realmente são úteis? Mudam os corações dos povos que os escutam? Admitidos pelos próprios doutores, essas conversões são muito raras, e vivem sempre *na escória dos séculos*. A perversidade humana aumenta a cada dia, diariamente declamam contra os vícios e os crimes que o costume autoriza, o governo encoraja, a opinião favorece, o poder recompensa, e que todos se encontram interessados em cometer, sob pena de serem infelizes.

Assim, pela própria confissão de seus ministros, a religião, cujos preceitos foram inculcados desde a infância e são repetidos incansavelmente, nada pode fazer contra a depravação dos costumes. Os homens a deixam de lado assim que ela se opõe aos seus desejos; apenas a escutam quando ela favorece às suas paixões, concorda com seu temperamento e com as ideias que eles têm de felicidade. O libertino não se importa, quando ela condena sua devassidão; o ambicioso a despreza, quando ela impõe limites aos seus desejos; o avaro não a ouve, quando ela diz para ser benfeitor; o cortesão ri de sua simplicidade, quando ela lhe ordena a ser franco e sincero. Por outro lado, o soberano é dócil as suas lições, quando ela lhe diz que é a imagem da divindade; que ele deve ser absoluto como ela, o senhor da vida e dos bens de seus súditos, que deve exterminá-los quando não pensam como ele. O bilioso escuta avidamente os preceitos de seu sacerdote, quando ele lhe ordena a odiar; o vingativo o obedece, quando lhe permite vingar-se sob o pretexto de ressarcir o seu Deus. Em resumo, a religião em nada modifica as paixões dos homens, eles somente a ouvem quando ela fala em uníssono com seus desejos; ela somente os modifica na hora da morte; logo, sua conversão é inútil ao mundo. O perdão do céu, que é prometido ao arrependimento infrutífero dos moribundos, encoraja os vivos a persistirem na desordem até o último instante.

A religião prega a virtude em vão quando se torna contrária aos interesses dos homens, ou quando os leva a lugar nenhum. Não podemos moralizar uma nação cujo soberano é, ele mesmo, sem moral e sem virtude, onde os

---

[11] Quando reclamamos das desordens dos sacerdotes, eles calam nossas bocas, dizendo: *que façamos o que eles dizem e não o que eles fazem*. Que confiança podemos ter nos médicos que, tendo os mesmos males que nós, jamais querem usar os remédios que prescrevem?

grandes olham a virtude como uma debilidade; os sacerdotes a degradam por suas condutas; os homens do povo, apesar dos belos discursos de seus predicadores, sentem que, para sair da miséria, é preciso acomodar-se aos vícios daqueles que são mais poderosos que ele. Em sociedades assim constituídas, a moral não pode ser mais do que uma estéril especulação, adequada para exercitar a imaginação, sem influenciar a conduta de ninguém, a não ser de um pequeno número de homens moderados pelos seus temperamentos e satisfeitos com a sua sorte. Todos os que quiserem correr para a fortuna, ou tornar mais suave o seu destino, deixar-se-ão levar pela torrente geral, que os forçará a saltar os obstáculos que a consciência lhes opõe.

Não é o sacerdote mas o soberano que pode estabelecer as regras de um Estado. Ele deve pregar a partir do seu exemplo; fazer temer o crime com castigos; convidar à virtude por meio da recompensa; garantir sobretudo a educação pública, para que se semeie no coração de seus súditos apenas paixões úteis à sociedade.

Entre nós, a educação quase não faz parte da política; isso mostra a indiferença mais profunda para com o objeto essencial à felicidade dos estados. Em quase todos os povos modernos, a educação pública limita-se a ensinar línguas inúteis para a maioria daqueles que as aprendem; em vez da moral, impõe-se aos cristãos fábulas maravilhosas e dogmas inconcebíveis de uma religião demasiadamente oposta à reta razão. Desde os primeiros passos que o jovem dá nos estudos, aprende que deve renunciar ao testemunho de seus sentidos, a sujeitar sua razão, descrita como uma guia infiel, e a se reportar cegamente à autoridade de seus mestres. Mas, quem são esses mestres? São sacerdotes, interessados em manter o universo de suas opiniões cujos frutos somente eles recolhem. Esses pedagogos mercenários, ignorantes e preconceituosos raramente estão em sintonia com a sociedade. Suas almas ínfimas e abjetas são capazes de instruir seus alunos naquilo que eles mesmos ignoram? Pedantes, degradados aos próprios olhos daqueles que lhes confiam seus filhos, estão em condições de inspirar em seus alunos o desejo da glória, uma nobre emulação, sentimentos generosos que são a origem de todas as qualidades úteis à República? Ensinar-lhes-ão a amar o bem público, a servir à pátria, a conhecer os deveres do homem e do cidadão, do pai de família e de seus filhos, dos mestres e dos servos? Sem dúvida que não, só se vê sair das mãos desses guias ineptos e desprezíveis, ignorantes supersticiosos que se aproveitaram as lições recebidas, nada saberão das coisas necessárias à sociedade, tornando-se, portanto, membros inúteis.

Para qualquer lado que conduzirmos nosso olhar, veremos o estudo dos objetos mais importantes para o homem totalmente negligenciados. A moral, sob a qual compreendo também a política[12*], quase nunca é apreciada na educação europeia, a única moral que ensinam aos cristãos é a moral entusiasta, impraticável, contraditória, incerta, que vemos contida no Evangelho; essa moral somente é adequada, como acredito ter provado, para degradar o espírito, para tornar a virtude odiosa, para formar escravos abjetos, para romper a primavera da alma; ou bem, caso seja semeada em espíritos elevados, somente produzirá fanáticos turbulentos, capazes de abalar os fundamentos das sociedades.

Apesar da inutilidade e da perversidade da moral que o cristianismo ensina aos homens, seus partidários atrevem-se a nos dizer que sem religião não pode haver moral. Mas o que significa ter moral na linguagem dos cristãos? Orar incansavelmente, frequentar os templos, fazer penitência, abster-se dos prazeres, viver em retiro e no recolhimento. Que bem resulta dessas práticas para a sociedade, e que podemos observar sem ter a sombra da virtude? Se costumes dessa espécie conduzem ao céu, são inteiramente inúteis à terra. Se são virtudes, deve-se convir que sem religião ninguém as tem. Mas, por outro lado, podemos observar fielmente tudo o que o cristianismo recomenda sem ter nenhuma das virtudes que a razão nos mostra como necessárias para o sustento das sociedades políticas.

Devemos diferenciar, portanto, a moral *religiosa* da moral *política*: a primeira, forma santos, a outra, cidadãos; uma forma homens inúteis ou mesmo prejudiciais ao mundo, a outra deve ter como objetivo formar membros úteis à sociedade, ativos, capazes de servi-la, que cumpram com os deveres de esposos, de pais, de amigos, de associados, independentemente de suas opiniões metafísicas, que, diferentemente do que diz a teologia, são bem menos seguras do que as regras invariáveis do bom senso.

É certo, pois, que o homem é um ser sociável, que procura em tudo sua felicidade; faz o bem, quando encontra em si mesmo o interesse; comumente não é mau, caso contrário, seria obrigado a renunciar a seu bem-estar. Isso posto, a educação ensina aos homens a conhecer as relações que subsistem entre eles e os deveres que decorrem dessas relações. Que o governo, por

---

[12] * Para uma melhor compreensão da relação entre política e moral no pensamento de Holbach, temos seus escritos posteriores. Cf. *Système social* ou *Principes naturels de la morale et de la politique, avec un examen de l'influence du gouvernement sur les mœurs; Éthocratie*, ou *Le gouvernement fondé sur la morale*. Holbach ainda não havia escrito essas obras no momento em que desenvolve o texto que ora traduzimos, porém, esse pensamento já está presente em suas reflexões iniciais e irá se desenvolver em todas as suas obras posteriores. (N. T.).

meio de leis, recompensas e punições, confirme as lições que a educação terá dado; que a felicidade acompanhe as ações úteis e virtuosas; que a vergonha, o desprezo e o castigo punam o crime e o vício; então a moral será humana, fundar-se-á em sua própria natureza, nas necessidades das nações, no interesse dos povos e dos seus governantes. Essa moral, independente das sublimes noções teológicas, nada poderá ter em comum com a moral religiosa que nada contribui para a sociedade, pois, como provamos, essa moral religiosa opõe-se a cada instante à felicidade dos Estados, à tranquilidade das famílias e à união dos cidadãos.

Um soberano, a quem a sociedade confiou a autoridade suprema, tem em suas mãos os grandes móbiles que agem sobre os homens; ele é mais poderoso do que os deuses para estabelecer ou reformar os costumes. Sua presença, suas recompensas, suas ameaças, o que dizer? Um só olhar seu pode muito mais do que todos os sermões dos sacerdotes. As honras deste mundo, as dignidades, as riquezas agem muito mais profundamente sobre os homens mais religiosos que todas as pomposas esperanças da religião. O cortesão mais devoto teme mais ao seu rei que a seu Deus.

É, portanto, repito, o soberano que deve pregar; a ele compete reformar os costumes. Os povos serão bons, quando o príncipe for bom e virtuoso; quando os cidadãos receberem uma educação justa, que, inspirando-os desde cedo princípios virtuosos, habituá-los-á a honrar a virtude, a detestar o crime, a desprezar o vício e a temer a infâmia. Essa educação não será infrutífera, quando os exemplos contínuos provarem aos cidadãos que com talentos e virtudes se conquistam as honras, o bem-estar, as distinções, a consideração, o favor; já o vício conduz ao desprezo e à ignomínia. Estar à frente de uma nação nutrida por esses princípios fará com que um príncipe esclarecido seja realmente grande, poderoso e respeitado. Seus discursos serão mais eficazes que as predicações dos sacerdotes que, após tantos séculos, proferem inutilmente contra a corrupção pública.[13]

Se os sacerdotes usurparam do poder soberano o direito de instruir os povos, que esses retomem seus direitos, ou pelo menos que não deixem gozar exclusivamente da liberdade de regular os costumes das nações e de lhes falar da moral. Que o monarca reprima esses sacerdotes, quando ensinarem máximas visivelmente prejudiciais ao bem da sociedade.

---
[13] Quintiliano disse: *Quidquid Principes faciunt, praecipere videntur.**Tudo o que os príncipes fazem, afirmar-se-ia que o ordenam.
* Esta passagem é encontrada no livro: QUINTILIANO. *Instituição oratória*: tomo III. Campinas: Unicamp, 2016. (N. T.).

Que ensinem, por favor, que seu Deus se transforma em pão, mas que não ensinem jamais que devemos odiar ou destruir aqueles que se recusam a crer nesse inefável mistério. Que na sociedade nenhum inspirado tenha a faculdade de incitar os súditos à sublevação contra a autoridade, de semear a discórdia, de romper os laços que unem os cidadãos entre si, e tumultuar a paz pública por suas opiniões. O soberano por sua própria vontade, e quando quiser, poderá conter o sacerdócio. O fanatismo é vergonhoso quando se vê privado de apoio; os próprios sacerdotes esperam do príncipe os objetos de seus desejos, a maior parte deles está sempre disposta a sacrificar-lhe os interesses pretendidos pela religião e pela consciência, quando julgam esse sacrifício necessário a sua fortuna.

Se me disserem que os príncipes sempre estarão interessados em sustentar a religião para poupar seus ministros, mesmo que somente por política, e sendo desenganados internamente, respondo que é fácil convencer os soberanos por meio de uma abundância de exemplos; que a religião cristã foi por centenas de vezes prejudicial a seus antecessores; que o sacerdócio foi e sempre será o rival da realeza; que os sacerdotes cristãos são por essência os súditos menos submissos. Respondo ainda, é fácil fazer com que todo príncipe esclarecido sinta que seu interesse verdadeiro é o de comandar um povo feliz; que é do bem-estar que ele procura que dependerá sua própria segurança e grandeza. Em suma, a sua felicidade está unida à do seu povo; à frente de uma nação composta por cidadãos honestos e virtuosos, ele será muito mais forte que diante de uma tropa de escravos ignorantes e corruptos, aos quais será forçado a enganar para poder contê-los, embebedando-os com imposturas, para derrotá-los.

Não nos desesperemos, portanto, pois, qualquer dia a verdade chegará diante do trono. Se as luzes da razão e da ciência têm tanta dificuldade para alcançar os príncipes, é porque os sacerdotes interessados e os cortesãos famélicos buscam retê-los sempre em uma infância perpétua, mostrando-lhes o poder e a grandeza em quimeras, desviando-os dos objetos necessários a sua verdadeira felicidade. Todo soberano que tiver a coragem de pensar por si mesmo sentirá que seu poder será instável e precário enquanto se apoiar nos fantasmas da religião, nos erros das pessoas e nos caprichos do sacerdócio. Ele sentirá os inconvenientes resultantes de uma administração fanática, que até agora só formou ignorantes presunçosos, cristãos teimosos e, muitas vezes, tumultuosos, cidadãos incapazes de servir ao Estado, povos imbecis, dispostos a receber as impressões dos guias que os dispersou. Ele sentirá os imensos recursos colocados em suas mãos pelos bens da nação há muito usurpados por homens inúteis, que, sob pretexto de instruí-la, enganam-na e a devoram[14]. Um príncipe firme e sábio substituiria essas fundações religiosas, cujo bom senso ruboriza, que somente serviram para recompensar a preguiça, para sustentar a insolência e o luxo, e para favorecer o orgulho sacerdotal, por estabelecimentos úteis ao Estado, propondo fazer germinar os talentos, formar a juventude, recompensar os serviços e as virtudes, confortar as pessoas, dando à luz cidadãos.

Lisonjeio-me, senhor, se me desculpares por essas reflexões. Não pretendo merecer o voto daqueles que se acreditam interessados nos males dos seus concidadãos, não são eles que procuro convencer; porque nada podemos provar a homens viciosos e irracionais. Espero unicamente que não vejas minha obra como perigosa e minhas esperanças como totalmente quiméricas. Muitos homens sem moral atacaram a religião, porque contrariava suas inclinações; muitos sábios a desprezaram, porque lhes parecia ridícula; muitas pessoas olharam-na com indiferença, por não haverem conhecido seus verdadeiros inconvenientes. Como cidadão, ataco-a, porque me parece prejudicial à felicidade do Estado, inimiga do progresso do espírito humano, oposta à sã moral, cujos interesses jamais podem estar separados dos interesses da política. Resta dizer-lhe com um poeta, inimigo como eu, da superstição:

Si tibi vera videtur, dede manus; et si falsa est, accingere contra.[15]*

Sou etc.

Paris, 4 de maio de 1758.

---

[14] Algumas pessoas creram que o clero poderia servir, algumas vezes, como uma barreira ao despotismo. Porém, a experiência é suficiente para provar que essa corporação jamais se estabeleceu a não ser para si mesma. Assim, o interesse das nações e dos bons soberanos descobre que essa corporação não é absolutamente boa para nada.

[15] * "Se isto te parece verdadeiro, entrega as armas; se, porém, o vês falso, lança-te ao ataque."
**LUCRÉCIO. *Da natureza*. Tradução de Agostinho da Silva. São Paulo: Abril Cultural, 1973. p. 68. (Os Pensadores). (N. T.).

O CRISTIANISMO DESVELADO

CAPÍTULO I

INTRODUÇÃO - DA NECESSIDADE DE EXAMINAR A RELIGIÃO E DOS OBSTÁCULOS QUE SE ENCONTRAM NESSE EXAME

Um ser racional deve, em todas as suas ações, propor sua própria felicidade e a de seus semelhantes. A religião, que em tudo se apresenta como o objeto mais importante a nossa felicidade temporal e eterna, é vantajosa para nós somente quando torna nossa existência feliz neste mundo, e apenas enquanto tivermos a certeza de que ela cumprirá as promessas lisonjeiras que nos faz para o outro. Nossos deveres para com Deus, a quem olhamos como o senhor de nossos destinos, não podem ser fundados apenas nos bens que esperamos ou nos males que dele tememos. É necessário, pois, que o homem examine os motivos de suas esperanças e de seus receios; ele deve, para esse efeito, consultar a experiência e a razão, únicos guias que podem orientá-lo aqui embaixo. Pelas vantagens que a religião proporciona ao homem no mundo visível em que habita, poderá julgar a realidade daquelas que ela faz esperar em um mundo invisível, para o qual ela ordena direcionar seu olhar.

A maior parte dos homens apega-se à religião apenas por hábito; jamais examinaram seriamente as razões que os unem a ela, os motivos de sua conduta e os fundamentos de suas opiniões. Por essa razão, o que todos veem como mais importante para si foi sempre aquilo que mais temeram explorar; muitas vezes seguem as rotas traçadas por seus pais; creem, porque desde a infância disseram-lhes que era preciso crer; esperam, porque seus ancestrais esperaram; tremem, porque seus antepassados tremeram; porque jamais se dignaram a examinar os motivos de sua crença. Pouquíssimos homens têm tempo para examinar ou possuem capacidade de visualizar os objetos de sua habitual veneração, de seu apego pouco fundamentado, de seus medos tradicionais; as nações sempre são levadas pela torrente do hábito, do exemplo e do preconceito. A educação habitua o espírito às opiniões mais monstruosas, como o corpo às atitudes mais embaraçosas. Para os homens, tudo aquilo que dura muito tempo parece sagrado; eles se considerariam culpados se lançassem seus olhares temerários às coisas marcadas pela antiguidade. Prevenidos favoravelmente pela sabedoria de seus pais, depois desses, não têm mais a presunção de examiná-la; não veem que a todo tempo o homem foi otário de seus próprios preconceitos, de suas esperanças, de seus medos, e que as mesmas razões quase sempre tornaram o exame igualmente impossível.

O vulgo, ocupado com o trabalho necessário para sua subsistência, deposita uma confiança cega naquele que pretende guiá-lo; entrega-lhe os cuidados que deveriam ser pensados por si mesmo; subscreve facilmente a tudo o que lhe prescreve, acreditaria estar ofendendo a seu Deus, se duvidasse por um instante da boa-fé daqueles que falam em seu nome. Os grandes, os ricos, as pessoas do mundo, mesmo quando são mais esclarecidos que o vulgo, estão interessados apenas em se conformar com os preconceitos recebidos, e até mesmo em mantê-los; ou melhor, entregues à ingenuidade, à dissipação e aos prazeres, são totalmente incapazes de ocupar-se de uma religião que sempre cede as suas paixões, suas inclinações e aos desejos de se divertir. Na infância, recebemos todas as impressões que querem nos dar; não dispomos nem da capacidade, nem da experiência, nem da coragem necessária para duvidar daquilo que nos ensinam aquelas pessoas em cuja dependência reside nossa fraqueza. Na adolescência, nossas paixões fogosas e a embriaguez contínua dos nossos sentidos impedem-nos de pensar em uma religião excessivamente espinhosa e demasiadamente triste para nos ocuparmos agradavelmente com ela. Se por acaso um jovem a examina, é sem comprometimento ou com parcialidade; uma olhada superficial logo o entedia com tal objeto tão desagradável. Com o amadurecimento da idade, os diversos cuidados, as novas paixões, as ideias de ambição, de grandeza, de poder, o desejo de riquezas, as ocupações sucessivas absorvem toda a atenção do homem feito, ou lhes deixa poucos momentos para pensar nessa religião, pois nunca dispõe de tempo para examiná-la profundamente. Na velhice, as faculdades entorpecem, os hábitos maquinais, os órgãos debilitados pela idade e pelas enfermidades não nos permitem recorrer à força de nossas opiniões já enraizadas; o medo da morte, que temos diante dos olhos, também faria muito suspeito um exame presidido frequentemente pelo terror.

É assim que as opiniões religiosas, uma vez admitidas, mantêm-se por vários séculos. Assim é que, de tempos em tempos, as nações transmitem ideias que jamais foram examinadas, acreditando que a sua felicidade está vinculada à felicidade das instituições, que, examinadas com maturidade, revelar-se-iam a origem da maior parte de seus males. A autoridade apoia também os preconceitos dos homens, proíbe-lhes o exame, força-lhes à ignorância, está sempre pronta para punir qualquer um que tente desiludi-los.

Não nos surpreendamos se virmos o erro quase identificado com a raça humana; tudo parece convergir para eternizar sua cegueira; todas as forças se unem para ocultar-lhe a verdade. Os tiranos detestam-na e a oprimem, porque ela ousa discutir seus títulos injustos e quiméricos; o sacerdócio a condena, porque anula suas suntuosas pretensões; a ignorância, a inércia e as paixões dos povos tornam-nos cúmplices daqueles interessados em cegá-los para os manter sob o jugo e para tirar vantagem de seus infortúnios. Assim, as nações gemem sob os males hereditários, jamais pensam em remediá-los, porque não conhecem sua origem ou porque o hábito as acostuma ao infortúnio, tirando-lhes até mesmo o desejo de se aliviarem.

Se a religião é o objeto de maior importância para nós, se influencia necessariamente na condução da vida, se sua influência se estende não somente por nossa existência neste mundo, mas para aquilo que ao homem é prometido no futuro, indubitavelmente torna-se um objeto que demanda um exame mais sério de nossa parte. No entanto, entre todas as coisas, a religião é aquela em que o homem comum mostra maior credulidade; o mesmo homem, ainda que examinasse com maior seriedade a coisa menos interessante para o seu bem-estar, não se daria trabalho algum para certificar-se dos motivos que lhe determinam a acreditar ou para fazer coisas das quais sua admissão depende a felicidade temporal e eterna. Ele se submete cegamente àqueles que o acaso lhe deu por guias; confia a eles o exercício de sua própria reflexão, chega a dar crédito a sua própria preguiça e a sua credulidade. Em matéria de religião, os homens se glorificam por permanecerem para sempre na infância e na barbárie.

No entanto, em todos os séculos houve homens que, desenganados pelos preconceitos de seus concidadãos, ousaram mostrar-lhes a verdade. Mas, o que sua fraca voz poderia contra os erros sugados na amamentação, confirmados pelo hábito, autorizados pelo exemplo, fortificados por uma política frequentemente cúmplice de sua própria ruína? Os gritos imponentes da impostura logo reduziram ao silêncio aqueles que reivindicavam em favor da razão; em vão o filósofo tentou inspirar coragem aos homens, porque seus sacerdotes e seus reis forçaram-lhes a tremer.

A maneira mais segura de enganar os homens e de perpetuar seus preconceitos é ludibriá-los na infância. Em quase todos os povos modernos, a educação parece ter como objetivo formar apenas fanáticos, devotos, monges, quer dizer, homens prejudiciais ou inúteis à sociedade; em nenhum lugar pensa-se em formar cidadãos. Os próprios príncipes, comumente vítimas da educação supersticiosa que recebem, permanecem toda a sua vida na ignorância mais profunda de seus deveres e dos verdadeiros interesses de seus estados. Eles imaginam haver feito tudo por seus súditos, obrigam-lhes a encher o espírito com ideias religiosas que usurpam o lugar das boas leis, dispensando os seus senhores do penoso cuidado de bem governá-los. Parece que a religião foi imaginada para fazer os soberanos e os povos igualmente escravos do sacerdócio; ela somente se ocupou de suscitar contínuos obstáculos à felicidade das nações. Por todo o reino, o soberano possui somente um poder precário, e os súditos são desprovidos de atividade, ciência, grandeza de alma, indústria; em suma, das qualidades necessárias para a sustentação da sociedade.

Se em um Estado cristão vemos alguma atividade, se encontramos ali ciência e costumes sociais, é porque, apesar de suas opiniões religiosas, a natureza, todas as vezes que pode, traz de volta o homem à razão e força-o a trabalhar para sua própria felicidade. Se todas as nações cristãs fossem consequentes com seus princípios, deveriam estar imersas na mais profunda inércia; nossos países seriam habitados por um pequeno número de piedosos selvagens, os quais aí estariam apenas para prejudicar a si mesmos. De fato, de que adianta ocupar-se com um mundo que a religião mostra a seus discípulos apenas como um lugar de passagem? Qual pode ser o trabalho de um povo, a quem diariamente se repete que seu Deus quer que ore, que sofra, que viva com medo, que gema sem cessar? Como poderia subsistir uma sociedade composta por homens persuadidos a ter zelo pela religião e que devem odiar e destruir seus semelhantes por suas opiniões? Enfim, como podemos esperar humanidade, justiça, virtudes de uma multidão de fanáticos a quem se propõe por modelo um Deus cruel, dissimulado, mau, que gosta de ver correr as lágrimas de suas infelizes criaturas, que lhes arrasta às armadilhas, que os pune por terem sucumbido, que ordena o roubo, o crime e a carnificina?

Tais são, portanto, os traços sob os quais o cristianismo nos pinta o Deus que herdou dos judeus. Esse Deus foi um sultão, um déspota, um tirano a quem tudo foi permitido. Ainda assim, fizeram dele o modelo de perfeição; cometeram em seu nome os crimes mais revoltantes, e os maiores delitos foram sempre justificados, desde que cometidos para sustentar a sua causa ou para merecer o seu favor. Assim, a religião cristã, que se vangloria de prestar um apoio inabalável à moral e de apresentar aos homens os motivos mais fortes para os excitar à virtude, foi para eles uma fonte de divisões, de fúrias e de crimes. Sob o pretexto de lhes trazer a paz, ela trouxe somente a cólera, o ódio, a discórdia e a guerra; ela apenas lhes forneceu milhares de meios engenhosos para se atormentarem; ela derramou sobre eles flagelos desconhecidos a seus pais. O cristão, se tivesse sido sensato, lamentaria mil vezes a pacífica ignorância dos seus ancestrais idólatras. Se os costumes dos povos nada ganharam com a religião cristã, o poder dos reis, do qual ela afirma ser o suporte, não tirou dela maiores vantagens. Em cada Estado se estabeleceram dois poderes distintos: aquele da religião, fundado no próprio Deus, quase sempre sobrepujou ao do soberano; esse foi forçado a se tornar servo dos sacerdotes; todas as vezes que se recusou a dobrar os joelhos diante deles, foi proscrito, despojado de seus direitos, exterminado pelos súditos a quem a religião excitou à revolta, ou por fanáticos, em cujas mãos pôs sua navalha. Antes do cristianismo, o soberano do Estado também o era do sacerdócio; depois que o mundo se tornou cristão, o soberano nada mais é do que o primeiro escravo daquele, o executor de suas vinganças e de seus decretos.

Concluímos, portanto, que a religião cristã não possui título algum para se vangloriar das vantagens que proporciona à moral e à política. Ergamos, então, o véu com o qual se cobre; voltemos a sua origem; analisemos seus princípios; sigamos a sua marcha. Dessa forma, encontraremos que, fundada sob a impostura, a ignorância e a credulidade, ela não foi e jamais será útil a não ser a homens que se acreditam interessados a enganar o gênero humano. Veremos que ela jamais deixou de causar os maiores males às nações; que no lugar da felicidade que ela lhes havia prometido, serviu somente para encolerizá-las, para inundá-las em sangue, para mergulhá-las no delírio e no crime, e para lhes fazer ignorar seus verdadeiros interesses e seus deveres mais sagrados.

CAPÍTULO II

BREVE HISTÓRIA DO POVO JUDEU

Em um pequeno país, ignorado por quase todos os outros povos, vivia uma nação cujos fundadores, escravizados por um longo período pelos egípcios, foram libertados por um sacerdote de Heliópolis, que por seu gênio e seus conhecimentos superiores, soube como obter vantagens sobre eles[16]. Esse homem, conhecido pelo nome de Moisés, instruído nas ciências dessa região fértil em prodígios e mãe das superstições, pôs-se à frente de uma tropa de fugitivos, à qual persuadiu de que era o intérprete das vontades de seu Deus, com quem conversava particularmente e recebia diretamente as ordens. Dizem que ele apoiou sua missão por meio de obras que pareciam sobrenaturais para homens que ignoravam os caminhos da natureza e os recursos da arte. A primeira das ordens que lhes deu em nome de seu Deus foi roubar seus senhores, a quem eles estavam prestes a deixar. Depois de os ter enriquecido com os despojos do Egito e assegurado sua confiança, conduziu-os a um deserto, onde, durante quarenta anos, os habituou à mais cega obediência. Ensinou-lhes as vontades do céu, a maravilhosa fábula de seus ancestrais, as bizarras cerimônias pelas quais o altíssimo atribuía seus favores. Inspirou-lhes, sobretudo com o ódio mais envenenado, contra os deuses das outras nações, e a crueldade mais estudada contra aqueles que os adoravam. À força da carnificina e da severidade, tornou-os escravos flexíveis as suas vontades, prontos para apoiar suas paixões e se sacrificarem

---

[16] Mâneton e Cheremon, historiadores egípcios, cujo judeu Josefo nos transmitiu seus testemunhos, dizem-nos que uma multidão de leprosos foi expulsa do Egito pelo rei Amenofis e que esses banidos elegeram por seu chefe um sacerdote de Heliópolis chamado *Moisés*, que lhes compôs uma religião e lhes deu leis. V. *Joseph contre Appien, Liv. I. ch. 9. 11 et 12**. Diodoro da Sicília relata a história de Moisés no *Tom. 7 da tradução do Abade Terrasson***. De qualquer maneira, segundo a própria Bíblia, Moisés começou por assassinar um egípcio que havia brigado com um hebreu; depois se refugiou na Arábia, onde se casou com a filha de um sacerdote idólatra, que muitas vezes o censurou por sua crueldade. De lá, esse santo homem retornou ao Egito para sublevar a nação descontente com o rei. Moisés reinou tiranicamente; o exemplo de Corá, de Datã e de Abirão***, prova que os espíritos fortes não se deram bem com ele. Por fim, desapareceu como Rômulo, sem que fosse encontrado seu corpo nem o lugar de sua sepultura.

* JOSEFO, F. *Autobiografia; resposta a Ápio; antiguidades judaicas; as guerras judaicas*. Tradução de P. Vicente Pedroso. São Paulo: Edameris, 1974. (N. T.).
** *Histoire universelle de Diodore de Sicile*. (N. T.).
*** Para esses personagens bíblicos, cf. Nm, cap. 16. (N. T.).

para satisfazer seus ambiciosos pontos de vista; em suma, fez dos hebreus monstros frenéticos e ferozes. Depois de os ter animado com esse espírito destrutivo, mostrou-lhes as terras e as posses de seus vizinhos, como a herança que o próprio Deus lhes havia atribuído.

Orgulhosos com a proteção de *Jeová*[17], os hebreus marcharam para a vitória; o céu autorizou para eles a trapaça e a crueldade; a religião, unida à ganância, sufocou neles o grito da natureza, e conduzidos por seus desumanos chefes, destruíram as nações cananeias com uma barbárie que revolta todo homem em quem a superstição não destruiu totalmente a razão. Sua fúria, ditada pelo próprio céu, não poupou nem as crianças em amamentação, nem os débeis anciãos, nem as mulheres grávidas nas vilas onde esses monstros conduziram suas armas vitoriosas. Por ordem de Deus ou de seus profetas, a boa-fé foi violada, a justiça foi ultrajada e a crueldade foi exercida.[18]

Ladrões, usurpadores e homicidas, os hebreus, por fim, estabeleceram-se em um país pouco fértil, mas acharam delicioso quando comparado ao deserto de onde saíram. Lá, sob a autoridade de seus sacerdotes, representantes visíveis de seu Deus oculto, fundaram um estado detestado por seus vizinhos e que foi, em todos os tempos, o objeto de sua raiva ou de seu desprezo. O sacerdócio, sob o nome de *Teocracia*, governou por muito tempo esse povo cego e feroz; persuadiu-o de que, obedecendo a seus sacerdotes, obedecia a seu próprio Deus.

Apesar da superstição, forçado pelas circunstâncias, ou talvez fatigado pelo jugo de seus sacerdotes, o povo hebreu exigiu, por fim, ter reis, a exemplo das outras nações; mas, na escolha de seu monarca, acreditou-se obrigado a confiar em um profeta. Assim começou a monarquia dos hebreus, cujos príncipes, entretanto, sempre foram contestados em suas empresas, pelos sacerdotes, inspirados, profetas ambiciosos, que suscitaram

---

[17] Esse era o inefável nome do Deus dos judeus, que não se atreviam a pronunciar. Seu nome vulgar era *Adonai**, que parece furiosamente a *Adonis* dos Fenícios. Ver *Mes Recherches sur le Despotisme Oriental*.

* Sobre os nomes de Deus na religião judaica, cf. MILES, J. *Deus*: uma biografia. Tradução de José Rubens Siqueira. São Paulo: Companhia das Letras, 2009. (N. T.).

[18] Para se ter uma ideia da ferocidade judaica, leiamos a conduta de Moisés, de Josué e as ordens que o Deus dos exércitos dá a Samuel no *1º Livro dos Reis, cap. XV, versículos 23 e 24*, onde esse Deus ordena a tudo exterminar, sem exceção, às mulheres ou crianças. Saul foi rejeitado por ter poupado o sangue do rei dos amalecitas. Davi apoiou a ira de seu Deus e se comportou em relação aos amonitas com uma conduta que revolta a natureza*. Ver: *Livro dos Reis, cap. XII, versículo 31*. No entanto, esse é o Davi apresentado como modelo de Rei. Apesar de sua revolta contra Saul, das pilhagens, dos adultérios e da cruel perfídia contra Urias, nomearam-no *o homem segundo o coração de Deus*. Ver: *Dicionário de Bayle, artigo* DAVI**.

* Cf. FINKELSTEIN, I.; SILBERMAN, N. A. *A Bíblia desenterrada*. Tradução de Nélio Schneider. Petrópolis: Vozes, 2018. (N. T.).

** BAYLE, P. *Dictionnaire historique et critique*. Tomo I. Parte II. Roterdã: Reinier Leers, 1697, p. 923–932.

obstáculos sem fim aos soberanos que não se submetiam o suficiente as suas próprias vontades. A história dos judeus mostra-nos, em todos os tempos, reis cegamente submissos ao sacerdócio ou perpetuamente em guerra com ele e obrigados a perecer a seus golpes.

A feroz ou ridícula superstição do povo judeu fez dele o inimigo nato do gênero humano, o objeto de sua indignação e de seu desprezo: sempre foi rebelde e maltratado pelos conquistadores de seu frágil país. Escravo, sucessivamente, dos egípcios, dos babilônios e dos gregos, provou, sem cessar, os tratamentos mais duros e bem merecidos. Geralmente infiel ao seu Deus, cuja crueldade, assim como a tirania de seus sacerdotes, enojavam-no frequentemente, jamais foi submisso a seus príncipes; esses os esmagaram inutilmente sob cetro de ferro, jamais lograram ter um só súdito fiel. O judeu foi sempre a vítima e o otário de seus inspiradores, de modo que, em suas maiores desgraças, seu fanatismo obstinado, suas esperanças insensatas, sua credulidade infatigável, sustentaram-no contra os golpes da fortuna. Enfim, conquistada com o resto do mundo, a Judeia submeteu-se ao jugo dos romanos.

Objeto de desprezo de seus novos senhores, o judeu foi tratado duramente e com altivez por homens que por sua lei fê-los detestar em seu coração; amargurado pelo infortúnio, a cada dia ele apenas se tornou mais sedicioso, mais fanático e mais cego. Orgulhosa das promessas de seu Deus; cheia de confiança nos oráculos que em todos os tempos anunciaram-lhe um bem-estar jamais gozado por ela, e encorajada pelos entusiastas, ou pelos impostores que sucessivamente zombaram de sua credulidade, a nação judia esperou sempre um *Messias*, um Monarca, um Libertador que a livrasse do jugo sob o qual gemia e que a fizesse reinar sobre todas as nações do universo.

CAPÍTULO III

BREVE HISTÓRIA DO CRISTIANISMO

No seio dessa nação, assim disposta a se alimentar de esperanças e quimeras, surgiu uma nova inspiração, cujos seguidores conseguiram mudar a face da terra. Um pobre judeu, que afirmou ser do sangue real de David[19], ignorado por muito tempo em seu próprio país, saiu repentinamente de sua obscuridade para fazer prosélitos. Encontrou alguns entre os mais ignorantes do populacho; pregou sua doutrina e os persuadiu de que ele era o filho de Deus, o libertador de sua nação oprimida, o Messias anunciado pelos profetas. Seus discípulos, ou impostores, ou seduzidos, deram um testemunho autêntico de seu poder; eles asseguraram que sua missão fora provada por milagres incontáveis. O único prodígio de que havia sido incapaz foi o de convencer os judeus, que, longe de serem tocados por suas obras benéficas e maravilhosas, fizeram-no morrer em um suplício infame. Assim, o filho de Deus morreu à vista de toda Jerusalém; mas seus adeptos asseguraram que, secretamente, havia ressuscitado três dias após a sua morte. Visível unicamente para eles e invisível à nação para a qual tinha vindo esclarecer e trazer a sua doutrina, Jesus ressuscitado conversou, dizem, por algum tempo com seus discípulos, depois subiu ao céu, onde, tornou-se Deus como seu Pai, compartilhando com Ele as

---

[19] Os judeus dizem que Jesus era filho de um soldado chamado *Pandira ou Panther*, o qual seduziu Maria, que era uma cabeleireira, casada com um homem chamado *Jochanan;* ou, segundo outros, *Pandira* desfrutou diversas vezes de Maria, enquanto ela acreditava estar tendo relações com seu esposo; ela ficou grávida, e seu marido, desgostoso, retirou-se para a Babilônia. Outros supõem que Jesus aprendeu a magia no Egito, de onde veio a exercer sua arte na Galileia, ali onde o fizeram morrer*. Ver *Pfeiffer, Theologiae Judaicae et mahomeicae et principia*, Lypsiae, *1687***. Outros asseguram que Jesus foi um bandido e se fez chefe de ladrões. Veja-se *Gemara****.
* Encontramos essas afirmações em um dos textos da tradição *Toldot Yeshu*, o manuscrito *Jewish theological seminary (JTS) 8998*. Semelhantes afirmações também são encontradas no *Talmud babilônico*, no *Shabbat 104*b e no *Sanhedrin 67a*. Referência a esses fatos são citados na obra de um dos primeiros e mais ferrenhos críticos do Cristianismo, Celso. Cf. ORÍGENES. *Contra Celso*. Tradução de Orlando dos Reis. São Paulo: Paulus, 2004. p. 67-76. Também cf. MASSEY, G. The historical Jesus and mythical Christ. In: STEIN, G. (org.). *An anthology of atheism and rationalism*. New York: Prometheus Books, 1980. p. 229–240. (N. T.).
** Trata-se da obra *Theologiae, Judaicae atque Mohomedicae seu Turcico-Persicae principia sublesta et fructus pestilentes*, escrita em 1687 por August Pfeiffer, teólogo alemão. (N. T.).
*** Significa "ensinamento", "tradição"; compreende os comentários, as análises e as interpretações rabínicas da Mishná. A Mishná e a Gemara formam o Talmud. Cf. HAYOUN, M-R. *La littérature rabbinique*. Paris: PUF, 1990. Também cf.: STEINSALTZ, A. *The essential Talmud: an introduction*. New York: Basic Books, 1976. (N. T.).

adorações e homenagens dos seguidores de sua lei. Esses, à força de acumular superstições, imaginar imposturas, forjar dogmas e acumular mistérios, pouco a pouco formaram um sistema religioso, informe e desconexo, que foi chamado de *Cristianismo*, baseado no nome de *Cristo*, seu fundador.

As diferentes nações, sob as quais os judeus foram, respectivamente, submissos, infectaram-lhes com uma infinidade de dogmas emprestados do paganismo. Assim, a religião judaica, egípcia em sua origem, adotou os ritos, as noções e uma porção de ideias dos povos com quem os judeus mantiveram contato. Portanto, não devemos ficar surpresos se virmos os judeus e os cristãos, que lhes sucederam, imbuídos de noções extraídas dos fenícios, dos magos ou dos persas, dos gregos e dos romanos. Os erros dos homens em matéria de religião têm uma semelhança geral: eles somente se diferenciam por suas combinações. O comércio dos judeus e cristãos com os gregos, fê-los conhecer principalmente a filosofia de Platão[20]*, tão análoga ao espírito romanesco dos orientais e tão conforme ao gênio de uma religião que assumiu o dever de tornar-se inacessível à razão[21]. Paulo, o mais ambicioso e o mais entusiasta dos discípulos[22]* de Jesus, levou, portanto, sua doutrina, temperada com o sublime e o maravilhoso, aos povos da Grécia, da Ásia e até mesmo para os habitantes de Roma. Ele teve seguidores, porque todo homem que fala à imaginação de pessoas grosseiras despertará seus interesses, e esse apóstolo ativo pode passar, com justo título, pelo fundador de uma religião[23]*, que sem ele não poderia ter

---

[20] * Celso afirmava que "muitas das ideias dos cristãos foram expressas bem melhor e muito antes pelos gregos". Cf. HOFFMANN, R. J. *On the true doctrine*. Oxford: Oxford University Press, 1987. p. 9. Também cf.: CELSO. *El discurso verdadero contra los cristianos*. Tradução de Serafín Bodelón. Madrid: Alianza Editorial, 2009. p. 113-141. (N. T.).

[21] Orígenes dizia que Celso repreendia Jesus Cristo por haver emprestado muitas máximas de Platão. *Orígenes, Contra Celso, I, 6*. Santo Agostinho admitiu que encontrou em Platão o início do Evangelho de São João. Ver *Santo Agostinho*. Cf. *I, VIII, cap. 9, 10, 20**. As noções do Verbo** são visivelmente emprestadas de Platão; a Igreja soube, desde então, tirar grande proveito desse filósofo, como iremos provar mais adiante.
* AGOSTINHO. *Confissões*. Tradução de J. Oliveira e A. Ambrósio de Pina. Nova Petrópolis: Vozes, 2015. (N. T.).
** Os cristãos viam Jesus como uma personificação do Logos, o Verbo do Evangelho de João; esse é um conceito pagão, não encontrado no judaísmo. Cf. FREKE, T.; GANDY, P. *The Jesus mysteries: was the original Jesus a pagan God?* New York: Three Rivers Press, 2000. p. 63–88. (N. T.).

[22] * Discípulo no sentido de seguidor. No entanto, representa melhor a passagem aqui expressa, o termo apóstolo, aquele que divulga, que leva a mensagem, como vemos nas linhas seguintes. Nesse sentido, Paulo, além de ser um discípulo, também é considerado o maior dos apóstolos de Jesus. Para compreender melhor o discipulado e o apostolado de Paulo, cf. MURPHY-O'CONNOR, J. *Paulo: biografia crítica*. Tradução de Barbara Theoto Lambert. São Paulo: Loyola, 2000. Cf. RUBIO, A. M. *Pablo De Tarso, ¿Apostol O Hereje?* Madrid: Nowtilus, 2007. Em especial, os capítulos IV e V. (N. T.).

[23] * Para esse assunto: cf. LUDEMANN, G. *Paul: the founder of christianity*. New York: Prometheus Books, 2002. Cf. ASLAN, R. *Zelota: a vida e a época de Jesus de Nazaré*. Tradução de Marlene Suano. Rio de Janeiro: Zahar, 2013. p. 190-214. Cf. BASLEZ, M-F. *Saint Paul*. Paris: Pluriel, 2012. (N. T.).

se expandido, pois faltava esclarecimentos aos seus ignorantes colegas, dos quais não tardou a se separar para ser o líder de sua seita[24].

Seja como for, o cristianismo, em seu nascimento, foi forçado a se limitar às pessoas vulgares; foi abraçado apenas pelos homens mais abjetos entre os judeus e pagãos. Sobre os homens dessa espécie o maravilhoso possui mais direito[25]. Um Deus desafortunado, vítima inocente da impiedade, inimigo dos ricos e dos grandes, deve ter sido um objeto de consolo para os infelizes. Os costumes austeros, o desprezo das riquezas, os cuidados aparentemente desinteressados dos primeiros predicadores do Evangelho, cuja ambição limitava-se a governar as almas, a igualdade que a religião estabelecia entre os homens, a comunhão dos bens, os auxílios mútuos que se prestavam os membros dessa seita foram objetos apropriadíssimos para excitar o desejo dos pobres e para multiplicar os cristãos. A união, a concórdia e o afeto recíproco continuamente recomendados aos primeiros cristãos devem ter seduzido as almas honestas. A submissão ao poder, a paciência nos sofrimentos, a indigência e a obscuridade fizeram a seita nascente parecer pouco perigosa em um governo acostumado a tolerar todos os tipos de seitas. Assim, os fundadores do cristianismo tiveram muitos adeptos entre os povos e tinham por opositores, ou por inimigos, somente alguns sacerdotes idólatras, ou judeus, interessados em sustentar as religiões estabelecidas. Pouco a pouco, o novo culto, encoberto pela obscuridade de seus adeptos e pelas sombras do mistério, lançou raízes muito profundas; essas se tornaram demasiadamente extensas para serem extintas. O governo romano percebeu tardiamente os progressos de uma associação desprezada; os cristãos se tornaram numerosos, ousaram desafiar os deuses do paganismo até mesmo em seus templos. Os imperadores e os magistrados ficaram inquietos, quiseram aniquilar uma seita que lhes fazia sombra. Eles perseguiram aqueles homens que não podiam trazer de volta pela candura, cujo fanatismo fazia-os obstinados. Seus suplícios trabalharam

---

[24] Os Ebionitas, ou primeiros cristãos, olhavam São Paulo como um apóstata e um herege, porque se separava inteiramente da lei de Moisés, a qual os demais apóstolos somente queriam reformar*.
*Cf. LUDEMANN, G; BORING, M. E. *Opposition to Paul in Jewish christianity*. Minneapolis: Fortress Press, 1989.
Cf. EHRMAN, B. D. *Evangelhos perdidos*. Tradução de Eliane Andrade Paiva. Rio de Janeiro: Record, 2008a. (N. T.).

[25] Os primeiros cristãos foram chamados, sem desprezo, pelo nome de *Ebionitas*, que significa *mendicantes, mendigos*. Ver Orígenes, *Contra Celso*, I. II, e Eusebio, *Historia Ecclesiae* I. III, cap. 37*. Ebion, em hebraico, significa *pobre*. Quiseram depois personificar a palavra Ebion, designando com ela um herege, um chefe de seita. De qualquer modo, a religião cristã devia principalmente agradar os escravos que estavam excluídos das coisas sagradas e que dificilmente eram vistos como homens; ela os persuadiu de que teriam tudo um dia e que na outra vida seriam mais felizes que seus senhores.
* Cf. EUSÉBIO DE CESAREIA. *História eclesiástica*. 2. ed. São Paulo: Paulus, 2008. (N. T.).

a seu favor, e a perseguição apenas multiplicou o número de seus amigos. Enfim, sua constância nos tormentos parecia sobrenatural e divina para aqueles que foram testemunhas. O entusiasmo foi transmitido, e a tirania serviu somente para obter novos defensores da seita que queria sufocar.

Deixemos, portanto, de nos vangloriar do maravilhoso progresso do cristianismo. Ele foi a religião do pobre: essa religião anunciava um Deus pobre, pregada por pobres para os pobres ignorantes a quem os consolou em seu estado. Suas próprias ideias lúgubres foram análogas à disposição de homens infelizes e indigentes. A união e a concórdia que admiramos tanto nos primeiros cristãos deixam de ser maravilhosas; uma seita nascente e oprimida permanece unida e teme separar-se de seus interesses. Como, naqueles primeiros tempos, seus próprios sacerdotes, perseguidos e tratados como *perturbadores*, ousaram pregar a intolerância e a perseguição? Enfim, os rigores exercidos contra os primeiros cristãos não puderam fazê-los mudar de sentimentos, porque a tirania irrita e o espírito do homem é indomável quando se trata de opiniões às quais acredita estar ligada sua salvação. Esse é o efeito inconfundível da perseguição. Entretanto, os cristãos, a quem o exemplo de sua própria seita deveria ter mostrado o contrário, até agora não puderam se curar da fúria da perseguição.

Os imperadores romanos tornaram-se cristãos, que dizer, foram arrastados por uma torrente generalizada que os forçou a se servirem do auxílio de uma seita poderosa, elevando ao trono a religião. Eles protegeram a Igreja e seus ministros; quiseram que seus cortesãos adotassem suas ideias; espreitaram com maus olhos aqueles que permaneceram apegados à antiga religião e, pouco a pouco, chegaram até a proibir o exercício dela sob pena de morte. Foram perseguidos, sem exceção, aqueles que se mantiveram no culto de seus pais. Os cristãos devolveram aos pagãos, com usura, os males que deles haviam recebido. O império romano encheu-se de sedições causadas pelo zelo desenfreado dos soberanos e desses pacíficos sacerdotes, que pouco antes apenas desejavam a candura e a indulgência.

Os imperadores, por política ou por superstição, cobriram o sacerdócio de generosidades e de benefícios, o qual, por muitas vezes, correspondeu ingratamente; estabeleceram sua autoridade, respeitando como divino o poder que eles mesmos criaram. Os sacerdotes foram dispensados de todas as funções civis, a fim de que nada os desviasse do ministério sagrado[26]. Desse modo, os pontífices de uma seita, antigamente rastejante e oprimida, volveram-se independentes. Enfim, eles se tornaram mais poderosos que o rei, não tardando em arrogar-se o direito de comandar a si mesmos. Esses sacerdotes de um Deus de paz, quase sempre em discórdia entre si, comunicaram suas paixões e seus furores aos povos, e o universo admirado viu surgir, sob *a lei da graça*, as querelas e as desgraças jamais experimentadas sob as divindades pacíficas que outrora haviam compartilhado, sem disputas, as homenagens dos mortais.

Essa foi a marcha de uma superstição, inocente em sua origem, mas que depois disso, longe do propiciar a felicidade aos homens, foi para eles um pomo de discórdia e o gérmen fecundo de suas calamidades.

Paz sobre a terra e boa vontade aos homens. É assim que se anuncia esse Evangelho[27]* que custou ao gênero humano mais sangue que todas as outras religiões do mundo reunidas coletivamente. *Amai a vosso Deus com todas as vossas forças e a vosso próximo como a vós mesmos*[28]*. Aqui está, segundo o legislador e o Deus dos cristãos, a soma de seus deveres. No entanto, vemos os cristãos na impossibilidade de amar a esse Deus feroz, severo e caprichoso que adoram e, por outro lado, vemo-los eternamente ocupados em atormentar, em perseguir, em destruir seu próximo e seus irmãos. Por qual inversão uma religião que respira somente a doçura, a concórdia, a humildade, o perdão das injúrias, a submissão aos soberanos torna-se por mil vezes o sinal da discórdia, do furor, da revolta, da guerra e dos crimes mais obscuros? Como os sacerdotes do Deus da paz puderam se servir de seu nome como pretexto para perturbar a sociedade, banir dela a humanidade, autorizar as injustiças mais inauditas, controlar os cidadãos e assassinar os soberanos?

Para explicar todas essas contradições, basta conduzir os olhos sobre o Deus que os cristãos herdaram dos judeus. Não contentes com as cores terríveis sobre as quais Moisés o pintou, os cristãos desconfiguraram ainda mais a sua imagem. Os castigos fugazes desta vida são os únicos de que fala o legislador hebreu. O cristão vê seu Deus bárbaro vingando-se com

---

[26] Ver Tillemont, *La vie de Constantin*, tomo IV, art. 32, p. 248*.
* Louis-Sébastien Le Nain de Tillemont, (1637-1698) foi um sacerdote católico e historiador francês. A obra aqui citada é *Histoire des empereurs et des autres princes qui ont régné durant les six premiers siècles de l'Église*, publicada em seis volumes entre 1690-1697, e postumamente em 1701 e 1738. O quarto volume apresenta uma vida de Constantino. (N. T.).
[27] * Cf. Lc 2:14. (N. T.).
[28] * Cf. Dt 6:5. (N. T.).

raiva e sem medida por toda eternidade. Em suma, o fanatismo dos cristãos alimenta-se com a ideia revoltante de um inferno, onde seu Deus, convertido em um carrasco tão injusto quanto impecável, beberá das lágrimas de suas criaturas desafortunadas e perpetuará sua existência para continuar a torná-la eternamente infeliz. Ali, ocupado em se vingar, ele gozará dos tormentos do pecador; ele ouvirá com prazer os brados inúteis que ressoarão em sua masmorra abrasada. A esperança de ver acabar suas penas não lhe dará trégua alguma entre seus suplícios.

Em resumo, ao adotar o Deus terrível dos judeus, o cristianismo mostrou ainda mais sua crueldade: representa-o como o tirano mais insensível, mais astuto e cruel que o espírito humano possa conceber. Ele supõe que trata seus súditos com uma injustiça e uma barbárie verdadeiramente dignas de um demônio. Para nos convencermos dessa verdade, expomos o quadro da mitologia judaica, adotado e tornado mais extravagante pelos cristãos.

CAPÍTULO IV

DA MITOLOGIA CRISTÃ, OU DAS IDEIAS QUE O CRISTIANISMO NOS DÁ ACERCA DE DEUS E DE SUA CONDUTA

Deus, por um ato inconcebível de seu poder absoluto, criou o universo do nada[29]; cunhou o mundo para ser a morada do homem, o qual fez a sua imagem; apenas esse homem, único objeto das obras de seu Deus, viu a luz, e seu criador já tinha preparado uma armadilha à qual sabia, sem dúvida, que o homem deveria sucumbir. Uma serpente que falava seduziu uma mulher, que não ficou surpresa com esse fenômeno; ela, persuadida pela serpente, solicita que seu marido coma do fruto proibido pelo próprio Deus. *Adão*, o pai do gênero humano, por essa leve falta, atrai sobre si mesmo e sobre sua inocente posteridade uma enorme quantidade de males; e a morte segue sem ainda exterminá-los. Pela ofensa de um só homem, toda a espécie humana torna-se objeto da ira celestial, punida por uma cegueira involuntária com um dilúvio universal. Deus arrepende-se de ter povoado o mundo; ele acha mais fácil destruir e afogar a espécie humana do que mudar seu coração[30]*.

Entretanto, um pequeno número de justos escapa desse flagelo; mas a terra submergida e o gênero humano aniquilado ainda não são suficientes para sua implacável vingança. Uma nova raça aparecia e, embora proveniente dos amigos de Deus, salvos do naufrágio do mundo, essa raça volta a irritá-lo com novas maldades; jamais o Todo-Poderoso consegue fazer sua criatura tal como deseja; uma nova corrupção se apodera das nações, nova cólera por parte de *Jeová*[31]*.

---

[29] Os antigos filósofos observavam como axioma que *do nada, nada pode ser feito*. A criação, tal como os cristãos admitem hoje em dia, quer dizer, a dedução do nada, é uma invenção teológica bem moderna. A palavra *Barah*, usada pelo *Gênesis*, significa *fazer, arranjar, dispor uma matéria já existente*.

[30] * Para esses relatos, cf. o livro do Gênesis, especialmente os capítulos 3, 6, 7, 8 e 9. cf. MILES, 2009, p. 37–112. Um interessante estudo sobre o mito de Adão e Eva encontra-se em: GREENBLATT, S. *Ascensão e queda de Adão e Eva*. Tradução de Donaldson M. Garschagen. São Paulo: Companhia das Letras, 2018. Cf. PAGELS, E. *Adão, Eva e a serpente*. Tradução de Talita M. Rodrigues. Rio de Janeiro: Rocco, 1992. (N. T.).

[31] * Aqui se trata da arca, do dilúvio e a salvação da família de Noé. Cf. o Livro do Gênesis, capítulos 6, 7, 8 e 9. (N. T.).

Enfim, parcial na sua ternura e na sua preferência, Ele lança os olhos sobre um assírio idólatra[32]*, faz uma aliança com ele e lhe promete que sua raça, multiplicada como as estrelas do céu, ou como os grãos de areia do mar, desfrutará sempre do favor de seu Deus[33]*. É a essa raça escolhida que Deus revela suas vontades; é por ela que ele perturba centenas de vezes a ordem que havia estabelecido na natureza; é por ela que ele é injusto e destrói nações inteiras. Contudo, essa raça favorecida não é mais feliz nem mais apegada a seu Deus; ela sempre corre a deuses estrangeiros e espera deles ajuda, já que o seu a recusa, ultrajando esse Deus que pode exterminá-la. Às vezes, esse Deus a pune, outras vezes a consola, às vezes Ele a odeia sem motivos, logo a ama sem razão alguma. Enfim, na impossibilidade de recuperar para si um povo perverso a quem ama obstinadamente, envia-lhe seu próprio Filho. Esse Filho não é ouvido. Que digo? Esse Filho querido, igual a Deus, seu pai, é entregue à morte por um povo, objeto da ternura obstinada de seu Pai, que se encontra na impotência de salvar o gênero humano sem sacrificar seu próprio filho. Assim, um Deus inocente torna-se vítima de um Deus justo que o ama; os dois consentem com esse estranho sacrifício, considerado necessário por um Deus ciente de que será inútil e que nada mudará em uma nação endurecida. A morte de um Deus tornada inútil para Israel servirá, ao menos, para expiar os pecados do gênero humano? Apesar da eternidade da aliança, jurada solenemente pelo Todo-Poderoso e renovada tantas vezes com seus descendentes, a nação favorecida encontra-se, por fim, abandonada por seu Deus, que não pôde resgatá-la. Os méritos dos sofrimentos e da morte de seu Filho são aplicados às nações antes excluídas de suas bondades. Essas nações são reconciliadas com o céu, que agora tornou-se mais justo para com os seus. O gênero humano retorna à graça. Entretanto, apesar dos esforços da divindade, seus favores são inúteis, os homens continuam a pecar; eles não cessam de acender a cólera celestial e de se fazerem dignos dos castigos eternos, destinados ao maior número deles.

Essa é a história fiel do Deus sobre o qual o cristianismo se funda. Depois de uma conduta tão estranha, tão cruel, tão oposta a toda razão, é, portanto, surpreendente ver os adoradores desse Deus sem ideia alguma de seus deveres, descontentes com a justiça, pisarem na humanidade e fazerem esforços, em seu entusiasmo, para se assimilarem à divindade bárbara que adoram e a qual propõem como modelo? Que indulgência o homem pode

---

[32] * Abrão, que mais tarde passou a se chamar Abraão. (N. T.).
[33] * Cf. Gn, 15:5. (N. T.).

esperar de um Deus que não poupou nem mesmo seu próprio filho? Que indulgência o cristão, persuadido por essa fábula, terá para com seu semelhante? Ele não deveria imaginar que o meio mais seguro de lhe agradar é o de ser tão feroz quanto ele?[34]

É evidente que os sectários de um Deus igual a esse devem ter uma moral incerta e cujos princípios não têm fixidez alguma. De fato, esse Deus não é sempre injusto e cruel; sua conduta varia. Às vezes, cria a natureza inteira para o homem, outras vezes parece ter criado esse mesmo homem para exercer sobre ele seus furores arbitrários. Às vezes, Ele o ama, apesar de suas faltas; outras vezes condena a espécie humana à desgraça, por um pomo[35]*. Enfim, esse Deus imutável é alternadamente agitado pelo amor e a cólera, pela vingança e a piedade, pela benevolência e o remorso; jamais se vê em sua conduta essa uniformidade que caracteriza a sabedoria. Parcial em seu afeto a uma nação desprezível e cruel sem razão para o resto do gênero humano, Ele ordena a fraude, o roubo, o assassinato e impõe a seu povo querido o dever de cometer, sem ponderar, os crimes mais atrozes, de violar a boa-fé, de desprezar o direito das pessoas. Nós O vemos em outras ocasiões proibir esses mesmos crimes, ordenar a justiça e prescrever aos homens a abstenção das coisas que perturbam a ordem social. Esse Deus, que é chamado ao mesmo tempo o Deus *das vinganças, das misericórdias, dos exércitos e da paz*, sopra continuamente o frio e o calor; consequentemente, Ele deixa cada um de seus adoradores escolher a própria conduta que deve observar; e assim, sua moral torna-se arbitrária. É, portanto, surpreendente, depois disso, que os cristãos nunca tiveram até agora a capacidade de concordar entre si, se havia uma maior conformidade aos olhos de seu Deus mostrar indulgência aos homens do que exterminá-los por suas opiniões. Em suma, esse é um problema para eles, saber se é mais apropriado massacrar e assassinar aqueles que não pensam como eles do que deixá-los viver em paz e lhes mostrar humanidade.

Os cristãos não carecem de justificativas para a conduta estranha e frequentemente iníqua de seu Deus, as quais vemos retirar dos Livros Sagrados. Esse Deus, dizem eles, senhor absoluto das criaturas, pode possuí-las a seu bel prazer, sem que possamos por isso acusá-lo de injustiça, nem o cobrar por conta de suas ações: sua justiça não é a justiça do homem, e esse

---

[34] A morte do Filho de Deus foi-nos dada como uma prova indubitável de sua bondade; não seria antes uma prova indubitável de sua ferocidade, de sua vingança implacável e de sua crueldade? Um bom cristão, morrendo, dizia "que ele jamais pôde conceber por que um Deus bom fez morrer um Deus inocente para apaziguar um Deus justo".

[35] * Referência ao pecado original cometido quando Adão comeu do fruto proibido. Cf. Gn, 3:1–24.

não tem o direito de culpá-lo. É fácil sentir a insuficiência dessa resposta. De fato, os homens, ao atribuírem a justiça a seu Deus, somente podem ter ideia dessa virtude supondo que ela parece, por seus efeitos, à justiça de seus semelhantes. Se Deus não é justo como os homens, não sabemos mais como Ele é e atribuímos a Ele uma qualidade da qual não temos ideia alguma. Se nos dizem que Deus nada deve as suas criaturas, supomo-lo um tirano, que não possui regra, exceto seu capricho, que não pode, por conseguinte, ser o modelo de nossa justiça, que não pode ter mais relações conosco, uma vez que todas as relações devem ser recíprocas. Se Deus nada deve as suas criaturas, como elas podem lhe dever alguma coisa? Se, como nos repetem sem cessar, os homens são, em relação a Deus, *como argila nas mãos do oleiro*[36]*, então não pode haver afinidades morais entre eles. Nesses liames, toda religião é fundada. Assim, dizer que Deus nada deve a suas criaturas e que sua justiça não é a mesma que a dos homens é destruir os fundamentos de toda justiça e de toda religião, os quais supõem que Deus deve recompensar os homens pelo bem e puni-los pelo mal que fazem.

Dirão que é em outra vida que a justiça de Deus irá se mostrar; nesse caso, não podemos chamá-lo de justo, quando vemos frequentemente a virtude oprimida e o vício recompensado. Enquanto as coisas estiverem nesse estado, não estaremos à altura de atribuir justiça a um Deus que permite, pelo menos durante esta vida, a única em que podemos julgar, injustiças passageiras, supondo que esteja disposto a repará-las algum dia. Porém, essa suposição não é, em si mesma, infundada? E se esse Deus pôde consentir ser injusto em um momento, por que não podemos desconfiar de que ainda o será no seguinte? Como, aliás, conciliar uma justiça tão sujeita a se desmentir com a imutabilidade desse Deus?

O que acaba de ser dito da justiça de Deus pode ainda ser atribuído também à bondade que lhe conferem e sobre a qual os homens assentam seus deveres para com Ele. Com efeito, se esse Deus é todo-poderoso, se é o autor de todas as coisas, se nada se faz sem o seu assentimento, como lhe atribuir bondade em um mundo onde suas criaturas estão expostas a contínuos males, a doenças cruéis, a revoluções físicas e morais, enfim, à morte? Os homens somente podem atribuir bondade a Deus de acordo com os bens que Dele recebem; logo que experimentam algum mal, esse Deus deixa de ser bom para eles. Os teólogos encobrem a bondade de seu Deus, negando que ele seja o autor do mal, o qual atribuem unicamente a

---

[36] * Eclo 33:13. (N. T.).

um gênio maléfico, emprestado da magia, que está perpetuamente ocupado em prejudicar o gênero humano e em frustrar as intenções favoráveis da providência sobre eles. Deus, dizem-nos esses doutores, não é o autor do mal, ele apenas o permite. Ao se referir a um agente todo-poderoso que poderia evitar o mal, eles não percebem que permitir acaba sendo o mesmo que cometê-lo? Além disso, se a bondade de Deus pudesse ser desmentida em um instante, que garantia teríamos de que em outras situações ela não iria se contradizer? Finalmente, no sistema cristão, como conciliar com a bondade de Deus, ou com sua sabedoria, a conduta frequentemente bárbara e as ordens sanguinárias que os Livros Sagrados lhe atribuem? Como um cristão pode atribuir bondade a um Deus que criou um grande número de homens apenas para amaldiçoá-los eternamente?

Eles nos dirão, sem dúvida, que a conduta de Deus é para nós um mistério impenetrável; que não temos o direito de examiná-la; que nossa débil razão se perderia todas as vezes que pretendêssemos investigar as profundezas da sabedoria divina; que devemos adorá-lo em silêncio e nos submeter com temor aos oráculos de um Deus cuja vontade ele mesmo fez conhecer: fazem-nos calar dizendo que a divindade se revelou aos homens.

CAPÍTULO V

DA REVELAÇÃO

Como, sem o auxílio da razão, saber se é verdade que a divindade falou? Porém, por outro lado, a religião cristã não censura a razão? Não proíbe seu uso no exame dos dogmas maravilhosos que nos apresenta? Não se declara sem cessar contra *uma razão profana* que frequentemente vê como uma revolta contra o céu? Antes de poder julgar a revelação divina, seria necessário ter uma ideia justa da divindade. Mas, de onde se pode tirar essa ideia senão da própria revelação, uma vez que nossa razão é demasiada fraca para se elevar ao conhecimento do ser supremo? Assim, a revelação por si mesma irá nos provar sua própria autoridade. Apesar desse círculo vicioso, abramos os livros que devem nos esclarecer e aos quais devemos submeter nossa razão. Encontraremos neles ideias precisas sobre esse Deus que os oráculos nos anunciam? Saberemos o que esperar de seus atributos? Não é esse Deus um acervo de qualidades contraditórias que o tornam um enigma inexplicável? Se, como se supõe, essa revelação emana do próprio Deus, como podemos confiar no Deus dos cristãos, que se apresenta como injusto, falso, dissimulado, armando ciladas aos homens, tendo prazer em seduzi-los, em cegá-los, em endurecê-los; mandando sinais para enganá-los, disseminando entre eles o espírito da vertigem e do erro[37]? Assim, desde os primeiros passos, o homem que quer se assegurar da revelação cristã é lançado na desconfiança e na perplexidade. Ele não sabe se o Deus que lhe falou não tem o propósito de enganá-lo como ele próprio admitiu ter feito a tantos outros. Aliás, ele não é forçado a pensar dessa forma, quando olha as intermináveis disputas de seus guias sagrados, os quais jamais puderam concordar sobre a maneira de entender precisamente os oráculos de uma divindade que se tentava explicar?

---

[37] Na Escritura e nos Padres da Igreja, Deus é sempre representado como um sedutor. Ele permite que Eva seja seduzida por uma serpente; ele endurece o coração do Faraó*: Jesus Cristo *é uma pedra de tropeço***. Aqui estão os pontos de vista sob os quais a divindade nos é apresentada.
* Cf. Ex 7:14. (N.T)
** Cf. Rm 9:33; 1Cor 1:23; 1Pe 2:8. (N.T)

As incertezas e os receios daquele que examina de boa-fé a revelação adotada pelos cristãos não devem ser redobrados ao ver que seu Deus, pretendendo se fazer conhecer apenas a alguns seres favorecidos, desejava permanecer oculto para o resto dos mortais, aos quais, entretanto, essa revelação era igualmente necessária? Como ele saberá se não faz parte do número daqueles a quem seu Deus parcial não quis se fazer conhecer? Seu coração não deve se perturbar com a visão de um deus que apenas consente em se mostrar e em fazer anunciar seus decretos a um número muito pequeno de homens, se compararmos com toda a espécie humana? Não se sente tentado a acusar esse deus de uma malícia obscura, ao ver que, por não se manifestar a tantas nações, causou, por uma longa sucessão de séculos, sua necessária ruína? Que ideia pode se formar de um Deus que pune milhões de homens por haver ignorado as leis secretas que ele mesmo publicou às escondidas, em um canto obscuro e ignorado da Ásia?

Assim, mesmo quando o cristão consulta os livros revelados, tudo deve conspirar para colocá-lo em guarda contra o Deus que fala com ele. Tudo lhe inspira desconfiança contra seu caráter moral e se torna incerteza para ele. Seu Deus, com os intérpretes de suas pretensas vontades, parece ter desenvolvido um projeto para redobrar as trevas de sua ignorância. De fato, para sanar suas dúvidas, dizem-lhe que as vontades reveladas são *mistérios*, quer dizer, coisas inacessíveis ao espírito humano. Nesse caso, que necessidade haveria de falar? Um Deus não deveria se manifestar aos homens para ser compreendido? Essa conduta não é tão ridícula quanto insensata? Dizer que Deus só se revelou para anunciar mistérios é dizer que Deus se revelou para permanecer desconhecido, para ocultar seus caminhos, para confundir nosso espírito, para aumentar nossa ignorância e nossas incertezas.

Uma revelação que fosse verdadeira, vinda de um Deus justo, bom e necessária a todos os homens, deveria ser suficientemente clara para ser entendida por todo o gênero humano. É esse o caso da revelação sobre a qual o judaísmo e o cristianismo se fundaram? *Os Elementos* de Euclides são inteligíveis para todos aqueles que querem entendê-los; essa obra não excita nenhuma disputa entre os geômetras. A Bíblia é tão clara, e as verdades reveladas não ocasionam variadas disputas entre os teólogos que a anunciam? Por que fatalidade as Escrituras, reveladas pela própria divindade, ainda precisam de comentários e exigem as luzes do alto para que sejam acreditadas e ouvidas? Não é surpreendente que aquilo que deve servir de guia a todos os homens não seja compreendido por nenhum deles?

Não é cruel que aquilo que é mais importante para eles seja por eles menos conhecido? Tudo é mistério, trevas, incertezas e matéria de disputas em uma religião anunciada pelo Todo-Poderoso para iluminar o gênero humano. O Antigo e o Novo testamentos contêm verdades essenciais aos homens, porém nenhuma pessoa pode compreendê-los; cada um os entende de modo diverso, e os teólogos jamais estão de acordo sobre como interpretá-los. Pouco contentes com os mistérios contidos nos Livros Sagrados, os Padres do cristianismo inventaram-nos de século em século, e seus discípulos são obrigados a acreditar, ainda que seu fundador e seu Deus jamais tenham falado sobre isso. Nenhum cristão pode duvidar dos mistérios da trindade, da encarnação, da eficácia dos sacramentos, no entanto, Jesus Cristo jamais conseguiu explicar essas coisas. Na religião cristã, tudo parece abandonado à imaginação, aos caprichos, às decisões arbitrárias de seus ministros, que se arrogam o direito de forjar os mistérios e os artigos de fé de acordo com aquilo que seus interesses o exigem. É assim que essa revelação se perpetua por meio da Igreja, que se pretende inspirada pela divindade e que, distante de esclarecer o espírito de seus filhos, confunde-os e os mergulha em um mar de incertezas.

Tais são os efeitos dessa revelação que serve de base ao cristianismo e da realidade da qual não é permitido duvidar. Deus, dizem-nos, falou aos homens; mas quando ele falou? Ele falou há milhares de anos, a homens escolhidos que se tornaram seus órgãos. Mas, como se assegurar de que é verdade que esse Deus tenha falado, senão se referindo ao testemunho daqueles mesmos que afirmam ter recebido suas ordens? Esses intérpretes da vontade divina são, portanto, homens: mas não são homens sujeitos a enganar a si mesmos e a enganar os demais? Como, portanto, saber se podemos confiar nos testemunhos que esses órgãos celestiais rendem a si mesmos? Como saber se não foram enganados por uma imaginação demasiadamente viva ou por alguma ilusão? Como descobrir hoje em dia se é verdade que Moisés conversou com seu Deus e que tenha recebido dele a lei do povo judeu há alguns milhares de anos? Qual era o temperamento desse Moisés? Era fleumático ou entusiasta, sincero ou traiçoeiro, ambicioso ou desinteressado, verdadeiro ou mentiroso? Podemos nos reportar ao testemunho de um homem que, após ter feito tantos milagres, jamais pôde desenganar seu povo de sua idolatria e que, havendo feito passar 47 mil[38]* israelitas no fio da espada, tem a cara de pau de declarar *que ele é o mais afetuoso dos*

---

[38] * Este número de israelitas mortos não aparece no texto bíblico; talvez Holbach faça referência a Ex 32. Nessa passagem do Êxodo, em razão da idolatria, 3 mil homens tombam ao fio da espada. (N. T.).

homens? Os livros atribuídos a esse Moisés, que fazem referência a tantos fatos acontecidos posterirormente a ele, são, de fato, autênticos? Por fim, que provas temos de sua missão, senão o testemunho de 600 mil israelitas, grosseiros e supersticiosos, ignorantes e crédulos que foram, talvez, os tolos de um legislador feroz, sempre pronto para exterminá-los ou que jamais tiveram o conhecimento daquilo que se escreveria na posteridade sobre esse famoso legislador?

Que prova a religião cristã nos dá da missão de Jesus Cristo? Conhecemos seu caráter e seu temperamento? Quanta fé podemos acrescentar ao testemunho de seus discípulos, que, por sua própria confissão, foram homens grosseiros e desprovidos de ciência, consequentemente, suscetíveis de se deixar deslumbrar pelos artifícios de um impostor habilidoso? O testemunho das pessoas mais instruídas de Jerusalém não deveria ter mais peso para nós do que o de alguns ignorantes, os quais geralmente são tolos que se deixam enganar por qualquer um? Neste momento, tudo isso nos conduz a um exame das provas sobre as quais o cristianismo se fundou.

CAPÍTULO VI

DAS PROVAS DA RELIGIÃO CRISTÃ, DOS MILAGRES, DAS PROFECIAS E DOS MÁRTIRES

Vimos, nos capítulos precedentes, os motivos legítimos que temos para duvidar da revelação feita aos judeus e aos cristãos. Ademais, em relação a esse aspecto, o cristianismo não possui vantagem alguma sobre as outras religiões do mundo, que, apesar de suas discordâncias, todas se dizem emanadas da divindade e afirmam ter o direito exclusivo de seus favores. O indiano assegura que o próprio *Brahma* é o autor de seu culto. O escandinavo obteve o seu do temível *Odin*. Se o judeu e o cristão receberam o seu culto de *Jeová* pelo ministério de Moisés e Jesus, o maometano assegura que o recebeu por meio de seu profeta, inspirado pelo próprio Deus. Assim, todas as religiões se dizem emanadas do céu; todas proíbem o uso da razão para examinar seus títulos sagrados; todas se dizem verdadeiras, com a exclusão das demais; todas ameaçam com a cólera divina aos que se recusam a se submeter a sua autoridade. Enfim, todas têm o caráter da falsidade, pelas contradições palpáveis de que são preenchidas; pelas ideias disformes, obscuras e frequentemente odiosas que dão da divindade; pelas leis bizarras que se lhes atribui; pelas disputas que fazem nascer entre os seus seguidores. Todas as religiões que vemos sobre a terra não nos mostram mais do que uma combinação de imposturas e sonhos que revoltam igualmente a razão. Assim, do lado das reivindicações, a religião cristã não tem nenhuma vantagem sobre as outras superstições com as quais o universo está infectado, e sua origem celeste é contestada por todas as outras com as mesmas razões que ela contesta as demais.

Como, então, se decidir em seu favor? Por onde provar a bondade de seus títulos? Se possui caracteres distintos que mereçam a preferência, quais são eles? Faz-nos conhecer melhor que todas as outras a essência e a natureza da divindade? Ah! Ela só a faz se tornar mais inconcebível; só mostra nela um tirano caprichoso, cujas fantasias são tão favoráveis como, na maioria das vezes, prejudiciais à espécie humana. Ela torna os homens melhores? Ah! Nós vemos que por todas as partes ela os divide, envolve-os em conflitos, torna-os intolerantes, força-os a serem os carrascos de seus irmãos. Ela torna os impérios prósperos e poderosos? Por toda parte onde reina, não vemos povos escravizados, desprovidos de vigor, de energia, de atividade; apodrecendo em uma vergonhosa letargia, sem nenhuma ideia da verdadeira moral? Quais são, portanto, os sinais pelos quais querem que reconheçamos a superioridade do cristianismo sobre as outras religiões? São, dizem-nos, seus milagres, seus profetas e seus mártires. Mas eu vejo milagres, profecias e mártires em todas as religiões do mundo. Eu vejo por todas as partes homens mais astutos e mais instruídos que o vulgo, esses o enganam com prestígios, e o deslumbram com obras que ele acredita sobrenaturais, porque ignora os segredos da natureza e os recursos da arte.

Se o judeu me conta os milagres de Moisés, vejo essas supostas maravilhas operadas aos olhos do povo mais ignorante, mais estúpido, mais abjeto, mais crédulo, cujo testemunho não tem peso algum para mim. Aliás, posso suspeitar que esses milagres foram inseridos nos Livros Sagrados dos hebreus muito tempo após a morte daqueles que poderiam desmenti-los. Se o cristão cita Jerusalém e o testemunho de toda a Galileia para provar os milagres de Jesus Cristo, vejo apenas um povo ignorante como o único que pode comprová-los. Eu pergunto, como foi possível que um povo inteiro, testemunha dos milagres do Messias, consentiu a sua morte e a pediu ansiosamente? O povo de Londres ou de Paris permitiria que um homem que tivesse ressuscitado os mortos, devolvido a visão aos cegos, endireitado um coxo e curado paralíticos fosse condenado à morte diante de seus olhos? Se os judeus exigiram a morte de Jesus, para qualquer homem imparcial todos os seus milagres são aniquilados.

Por outro lado, não podemos nos opor aos milagres de Moisés, assim como os de Jesus, àqueles que Maomé operou aos olhos de todos os povos reunidos em Meca e na Arábia? Os efeitos dos milagres de Maomé ao menos convenceram os árabes de que ele era um homem divino. Os milagres de Jesus não convenceram pessoa alguma de sua missão. O próprio São Paulo, que se tornou o mais ardente de seus discípulos, não foi convencido pelos seus milagres, apesar dos muitos testemunhos que existiram em seu tempo; foi necessário um novo milagre para convencer seu espírito[39*]. Portanto, com qual direito querem, hoje em dia, fazer-nos acreditar em maravilhas que não foram convincentes nem mesmo no tempo dos apóstolos, quer dizer, pouco tempo após serem operados?

---

[39] * Aqui se trata do milagre e da conversão de Paulo a caminho de Damasco. Cf. MURPHY-O'CONNOR, 2000, p. 85–114. Também cf.: RUBIO, 2007, capítulos IV e V. (N. T.).

Que não nos digam que os milagres de Jesus Cristo são tão bem atestados como quaisquer fatos da história profana e que querer duvidar é tão ridículo quanto duvidar da existência de Cipião[40]* ou de César[41]*, existência que acreditamos apenas por relatos dos historiadores que falaram sobre eles. A existência de um homem, de um general de exército, de um herói, não é inacreditável, no entanto não ocorre o mesmo com um milagre[42]. Nós confiamos nos fatos verossímeis relatados por Tito Lívio, ao passo que rejeitamos com desprezo os milagres que ele nos relata[43]*. Um homem frequentemente articula a credulidade mais estúpida aos talentos mais distintos; o próprio cristianismo nos fornece inúmeros exemplos. Em matéria de religião, todos os testemunhos são suspeitos. O homem mais esclarecido vê muito mal quando é apreendido pelo entusiasmo, embriagado pelo fanatismo ou seduzido pela sua imaginação. Um milagre é uma coisa impossível; Deus não seria imutável, se mudasse a ordem da natureza.

Eles nos dirão, talvez, que, sem mudar a ordem das coisas, Deus, ou os seus favoritos, podem encontrar na natureza recursos desconhecidos aos outros homens; no entanto, suas obras não serão sobrenaturais e nem terão nada de maravilhoso. Um milagre é um efeito contrário às leis constantes da natureza; consequentemente, nem mesmo Deus, sem ferir sua sabedoria, pode fazer milagres. Um homem sábio que visse um milagre teria o direito de duvidar se, de fato, o viu bem; e deveria examinar se o efeito extraordinário o qual não compreende não procederia de alguma causa natural, cujo modo de agir ignora.

Concedamos, por um instante, a possibilidade dos milagres e que os de Jesus foram verdadeiros, ou ao menos que não foram inseridos nos Evangelhos muito tempo após terem sido operados. Os testemunhos que os transmitiram, os apóstolos que os viram são dignos de fé e seu testemunho não pode ser contestável? Esses testemunhos eram bem claros? De acordo com os próprios cristãos, eles eram homens sem instrução, tirados da ralé

---

[40] * Publius Cornelius Scipio Africanus (235–183), mais conhecido pelo nome de Cipião, O Africano, foi um general, estadista e político romano. Cf. SANTOS, P. N. *O inferno em Zama*: Cipião, O Africano e a reinvenção do Exército Romano. Lisboa: Chiado, 2016. (N. T.).

[41] * Cf. SUETÔNIO. *Vida de los Césares*. Traduccíon: Vicente Picón. Madrid: Cátedra, 1998. (N. T.).

[42] Um fato sobrenatural pede, para ser crível, testemunhos mais fortes que um fato que em nada se opõe à verossimilhança. É fácil acreditar que Apolônio de Tiana existiu pelo que relatou Filóstrato, e porque sua existência em nada choca a razão. Porém, não posso acreditar quando ele me diz que Apolônio fazia milagres*. Acredito que Jesus Cristo morreu, mas não acredito que tenha ressuscitado.
* Cf. FILÓSTRATO. *Vida de Apolônio de Tiana*. Tradução de Alberto Barnabé Pajares. Madrid: Gredos, 1992. (N. T.).

[43] * Os vários relatos prodigiosos contados por Tito Lívio, historiador romano (59 a.C. – 17 d.C.), encontram-se em sua obra *Ab urbe condita libri*. (N. T.).

do povo e, por consequência, crédulos e incapazes de examinar. Esses testemunhos eram desinteressados? Não; eles tinham, sem dúvida, o maior interesse em sustentar os fatos maravilhosos que provavam a divindade de seu mestre e a verdade da religião que queriam estabelecer. Esses mesmos fatos foram confirmados pelos historiadores contemporâneos? Nenhum deles disse uma palavra, e, em uma cidade tão supersticiosa quanto Jerusalém, não foi encontrado um só judeu, nem um só pagão que tenha ouvido falar dos múltiplos e mais extraordinários feitos já relatados pela história. São apenas os cristãos que nos atestam os milagres de Cristo. Querem nos fazer acreditar que, com a morte do Filho de Deus, a terra tremeu, o sol se eclipsou, os mortos saíram de suas sepulturas. Como esses eventos extraordinários foram observados apenas por alguns cristãos? Foram, então, os únicos que viram? Querem nos fazer acreditar, ademais, que o Cristo ressuscitou; citam-nos por testemunhas, apóstolos, mulheres e discípulos. Uma aparição solene, realizada em uma praça pública não teria sido mais decisiva que todas essas aparições clandestinas, feitas a homens interessados em formar uma nova seita? A fé cristã está fundada, segundo São Paulo, sobre a ressurreição de Jesus Cristo; era necessário, portanto, que esse fato fosse provado às nações do modo mais claro e indubitável[44]. Não podemos acusar de malícia o Salvador do mundo por se mostrar somente a seus discípulos e a seus favoritos? Não queria, pois, que todo o mundo acreditasse nele? Os judeus, dirão, pondo Cristo à morte, mereciam ser cegados. Porém, nesse caso, por que os apóstolos pregaram o Evangelho? Poderiam esperar que acrescentassem mais fé aos seus relatos, do que vendo com seus próprios olhos?

Além do mais, os milagres parecem inventados para suprir os bons raciocínios; a verdade e a evidência não necessitam de milagres para se fazer adotar. Não é extraordinário que a divindade ache mais fácil perturbar a ordem da natureza que ensinar aos homens verdades claras, capazes de convencê-los e de extrair seus consentimentos? Os milagres somente foram inventados para provar aos homens as coisas impossíveis de acreditar; eles

---

[44] Os basilidianos* e os coríntios, hereges que viviam no início do cristianismo, sustentavam que Jesus não estava morto e que Simão, o Cirineu, havia sido crucificado em seu lugar. Ver *Saint Epiphanius, haereses, cap. 28*** — Aqui está, desde o princípio da Igreja, homens que colocavam em dúvida a morte e, consequentemente, a ressurreição de Jesus Cristo, e ainda hoje querem que nós creiamos!

* Discípulos de Basílides. Cf. EHRMAN, 2008a, principalmente o cap. 6 e a p. 275, capítulo 9. Também, cf. LAYTON, B. *As escrituras gnósticas*. Tradução de Margarida Oliva. São Paulo: Loyola, 2002. p. 491–522. Cf. IRINEU. *Contra as heresias*. Tradução de Lourenço da Costa. São Paulo: Paulus, 1995. (N. T.).

** Aqui se trata da obra de Epiphanius, bispo de Salamina, *Panarion*, conhecido também por *Adversus haereses* (contra heresias), escrita em torno de 374–375 d.C. (N. T.).

não seriam necessários, se deixassem a razão falar. Então, essas são as coisas inacreditáveis que servem de provas a outras coisas inacreditáveis. Quase todos os impostores que trouxeram religiões a seus povos anunciaram-lhes coisas improváveis, em seguida fizeram milagres para obrigá-las a acreditar naquilo que lhes anunciavam. *Vocês não podem,* diziam, *compreender o que vos digo; mas vou provar que estou dizendo a verdade, fazendo-os ver coisas que não podeis compreender.* Os povos pagaram por essas razões; a paixão pelo maravilhoso sempre os impediu de raciocinar; não viram que os milagres não poderiam provar coisas impossíveis nem mudar a essência da verdade. Por algumas maravilhas que um homem pudesse fazer, ou, se vós preferis, o próprio Deus, jamais provariam que dois e dois não são quatro e que três são um; que um ente imaterial e desprovido de órgãos poderia falar aos homens; que um Ser sábio, justo e bom poderia ordenar loucuras, injustiças, crueldades etc. Daqui vemos que os milagres não provam nada, senão a destreza e a impostura daqueles que pretendem enganar os homens para confirmar as mentiras que lhes anunciaram e a estúpida credulidade daqueles que esses impostores seduziram. Esses últimos sempre iniciaram mentindo, apresentando ideias falsas da divindade, fingindo ter um contato íntimo com ela. Para provar essas maravilhas incríveis, eles fizeram obras incríveis, atribuindo-as à onipotência do ser que os enviou. Todo homem que faz milagres não tem verdades, mas mentiras para provar. A verdade é simples e clara; o maravilhoso anuncia sempre a falsidade. A natureza é sempre verdadeira e age por meio de leis que jamais se desmentem. Dizer que Deus faz milagres é dizer que contradiz a si mesmo, que desmente as leis que ele mesmo prescreveu à natureza, que inutiliza a razão humana da qual se fez autor. Apenas os impostores podem nos dizer para renunciar à experiência e banir a razão.

Assim, os pretendidos milagres que o cristianismo nos conta, como em todas as outras religiões, estão alicerçados na crença dos povos, no entusiasmo, na ignorância e na destreza dos impostores. O mesmo podemos dizer das profecias. Os homens foram, em todos os tempos, curiosos em relação ao conhecimento do futuro e encontraram, consequentemente, homens dispostos a servi-los. Vemos encantadores, adivinhos e profetas em todas as nações do mundo. Os judeus, nesse contexto, não foram mais favorecidos que os tártaros, os negros, os selvagens e todos os outros povos da terra, todos possuíram impostores prontos a enganá-los por presentes. Esses homens maravilhosos devem ter sentido logo que seus oráculos eram vagos e ambíguos para não serem desmentidos pelos efeitos[45*]. Portanto, não devemos ficar surpresos se as profecias judaicas são obscuras e de tal natureza que nelas se encontra aquilo que se quer buscar. Aquelas que os cristãos atribuem a Jesus Cristo não são vistas com os mesmos olhos pelos judeus, que ainda esperam esse Messias, cuja vinda, supõem os cristãos, aconteceu há 18 séculos. Os profetas do judaísmo anunciaram desde sempre a uma nação inquieta e descontente com sua sorte um libertador, que foi igualmente o objeto da expectativa dos romanos e de quase todas as nações do mundo. Todos os homens, por uma inclinação natural, esperam o fim de suas desgraças. Os judeus, mais supersticiosos que todos os outros povos, fundando-se nas promessas de seu Deus, sempre esperaram um conquistador ou um monarca, o qual mudaria sua sorte e os tiraria do opróbrio. Como podemos ver esse libertador na pessoa de Jesus, o destruidor, e não o restaurador da nação hebraica, que, depois dele, não teve mais favor algum de seu Deus?

Não faltará quem diga que a destruição do povo judeu e sua dispersão foram preditas, fornecendo uma prova convincente das profecias dos cristãos. Respondo, era fácil prever a dispersão e a destruição de um povo sempre inquieto, turbulento e rebelde com seus senhores; sempre dilacerados por divisões internas. Além do mais, esse povo muitas vezes foi conquistado e dispersado: o templo, destruído por Tito, já havia sido feito por Nabucodonosor, que levou as tribos cativas para a Assíria e lá os espalhou em seus estados[46*]. Percebemos a dispersão dos judeus, e não das outras nações conquistadas, porque estas, depois de um certo tempo, agruparam-se à nação conquistadora, em vez disso, os judeus não se misturaram com as nações onde habitavam, permanecendo sempre distintos. Não acontece o mesmo com os *Guebros ou Pársis* da Pérsia e do Hindustão, assim como os armênios que vivem em países maometanos? Os judeus permanecem dispersos, porque são insociáveis, intolerantes e cegamente apegados as suas superstições.[47]

---

[45] * Georges Minois faz um interessante estudo sobre a história das profecias, superstições, adivinhações etc. Cf. MINOIS, 2014. MINOIS, 2016. (N. T.).

[46] * Há vários livros que tratam dessas divisões internas, mas destaco aqui dois livros usados nesta tradução: FINKELSTEIN; SILBERMAN, 2018. Também: JOSEFO, F. *História dos Hebreus*. Tradução de Vicente Pedroso. Rio de Janeiro, CPAD: 2019. Sobre Nabucodonosor, ver o livro décimo *Antiguidades judaicas*, p. 465–497. Sobre Tito, livros terceiro ao sétimo da *Guerra dos judeus contra os romanos*, p. 1167–1424. (N. T.).

[47] Os atos dos apóstolos evidentemente provam que, antes de Jesus Cristo, os judeus viviam dispersos: vieram da Grécia, da Pérsia, da Arábia e outras partes à Jerusalém para a festa de Pentecostes. Ver *Atos dos Apóstolos*, cap. 2, vers. 8. Depois de Jesus Cristo, somente os habitantes da Judeia foram dispersos pelos romanos.

Dessa forma, os cristãos não têm nenhuma razão para se vangloriar das profecias contidas nos próprios livros dos hebreus nem de as invocarem contra eles a quem olham como conservadores dos títulos de uma religião que abominam. Em todos os tempos, a Judeia foi submissa aos sacerdotes, esses influenciaram extraordinariamente os assuntos do Estado, ocuparam-se da política e da previsão dos acontecimentos, felizes ou infelizes, que estavam por vir. Nenhum outro país contou com tão grande número de inspirados. Vemos que os profetas tinham escolas públicas, onde iniciavam nos mistérios de sua arte aqueles que eles achavam dignos ou que queriam, enganando a um povo crédulo, granjeando respeito e obtendo os meios para subsistir as suas despesas.[48]

A arte de profetizar foi, portanto, uma verdadeira profissão, ou, se quisermos, um ramo de comércio muito útil e lucrativo em uma nação miserável e persuadida de que seu Deus estava, sem cessar, ocupando-se dela. Os grandes ganhos que resultaram desse tráfico de imposturas introduziram a divisão entre os profetas judeus; por essa razão, observamos que se desacreditavam uns aos outros; cada um em particular tratava seu rival como *falso profeta* e alegava que havia sido inspirado por um espírito maligno. Sempre houve disputas entre os impostores para saber a quem corresponderia o privilégio de enganar seus cidadãos.

De fato, se examinarmos a conduta desses profetas tão elogiados no Antigo Testamento, nada de virtuoso encontraremos nesses personagens. Vemos sacerdotes arrogantes, perpetuamente ocupados em negócios do Estado, os quais souberam adaptar aos da religião. Vemos neles sujeitos sediciosos, continuamente conspirando contra os soberanos que não eram suficientemente submissos a eles. Por meio de seus projetos, sublevaram as pessoas contra os soberanos, conseguindo por inúmeras vezes destruí-los, para que assim se fizesse cumprir as predições funestas que haviam feito contra eles. Enfim, a maior parte dos profetas que desempenharam um papel na história dos judeus era rebelde, incansavelmente ocupada em transtornar o Estado, em suscitar turbulências e combater a autoridade

---

[48] São Jerônimo afirma que os saduceus não admitiam os profetas, eles se contentavam em admitir apenas os cinco livros de Moisés*. Dodwel, *de jure laicorum***, disse que era quando bebiam vinho que os profetas se dispunham a profetizar. Ver *p. 259***. Parece que eram uns charlatães, dançarinos, poetas e músicos que aprenderam, como em todo lugar, sua profissão.

* Cf. JERÔNIMO. *Novo comentário bíblico: Novo Testamento e artigos sistemáticos.* São Paulo: Paulus, 2018. (N. T.).
** Trata-se de Henry Dodwell, historiador, filólogo e teólogo irlandês (1641-1711), a obra aqui referida é: *De jure laicorum sacerdotali: ex sententiâ Tertulliani aliorumque veterum dissertatio adversùs anonymum dissertatorem, de 1685.* (N. T.).

civil, da qual os sacerdotes sempre foram inimigos quando não a achava complacente o suficiente, ou submissa aos seus próprios interesses[49]. De qualquer maneira, a obscuridade calculada das profecias permitiu aplicar, aquelas que admitiam o Messias ou o libertador de Israel por objeto, a todo homem singular, entusiasta, ou profeta que apareceu em Jerusalém ou na Judeia. Os cristãos, cujo espírito estava acalorado com a ideia de seu Cristo, acreditavam que O viam por todas as partes e distintamente nas passagens mais obscuras do Antigo Testamento. À força de alegorias, de sutilezas, de comentários, de interpretações forçadas, conseguiram enganar a si mesmos e encontrar predições formais em sonhos incoerentes, nos oráculos vagos e na bizarra confusão dos profetas.[50]

Os homens não põem dificuldades nas coisas que concordam com suas opiniões. Quando queremos considerar sem prevenção as profecias dos hebreus, somente veremos nelas rapsódias disformes, que nada mais são do que obras do fanatismo e do delírio; encontramos profecias obscuras e enigmáticas, como os oráculos dos pagãos. Enfim, tudo irá nos provar que esses pretendidos oráculos divinos não eram mais que delírios e imposturas de alguns homens acostumados a tirar proveito da credulidade de um povo supersticioso, que acrescenta fé aos sonhos, às visões, às aparições, aos sortilégios e que recebeu avidamente todas as fantasias que queriam

---

[49] O profeta Samuel, descontente com Saul, que se recusou a se prestar a suas crueldades, declarou-o deposto da coroa e lhe suscitou um rival na pessoa de Davi. Elias parece que foi apenas um sedicioso, que ocupava uma posição inferior nas querelas com seus soberanos, obrigado a escapar, depois disso, do justo castigo. Jeremias nos fez entender, por si mesmo, que era um traidor, que estava de acordo com os assírios contra sua pátria sitiada. Ele somente pareceu estar ocupado em privar seus concidadãos da coragem e da vontade de se defenderem. Comprou um campo que pertencia a seus pais ao mesmo tempo que anunciou a seus compatriotas de que iriam ser dispersos e conduzidos ao cativeiro. O rei assírio recomenda esse profeta a seu general Nebuzaradã, e diz a ele para que o cuide bem. Ver *Jeremias**.

* Para o relato de Jeremias, ver, especialmente, Jr cap. 32. (N. T.).

[50] É fácil ver tudo na Bíblia, se fizermos como fez Santo Agostinho, que viu todo o Novo Testamento no Antigo. Segundo ele, o sacrifício de Abel é a imagem de Jesus Cristo; as duas mulheres de Abraão são a Sinagoga e a Igreja; um pedaço de pano vermelho, exposto por uma mulher da rua, que traiu Jericó, significava o sangue de Jesus Cristo; o cordeiro, a cabra, o leão, são figuras de Jesus Cristo; a serpente de bronze representa o sacrifício da cruz; os próprios mistérios do cristianismo são anunciados no Antigo Testamento; o maná anuncia a eucaristia etc. Ver *Santo Agostinho, Sermão 78* e sua *Carta 157*. Como um homem sensato pode se convencer de que o Emanuel, anunciado por Isaías, o Messias, tenha o nome de Jesus? Ver *Isaías, cap. 7, vers. 14*. Como descobrir, em um judeu obscuro e condenado à morte, *um chefe que governa o povo de Israel*? Como ver um rei libertador, um restaurador de judeus, em um homem que, bem longe de salvar seus concidadãos, veio para destruir a lei daqueles, e, após a sua vinda, ocorreu a desolação de seu pequeno país pelos romanos? É necessária uma profunda cegueira para encontrar o Messias nessas predições. O próprio Jesus não parece ter sido mais claro nem mais feliz em suas profecias. No Evangelho de *São Lucas, cap. 21*, ele anuncia visivelmente o juízo final; fala dos anjos, que, ao som da trombeta, reunirão os homens para comparecerem a sua presença. Ele continua: *digo-vos a verdade, não passará esta geração sem que se cumpram estas predições*. Entretanto, o mundo ainda perdura, e os cristãos, depois de 1800 anos, esperam o juízo final.

lhe apresentar, desde que fossem adornadas com o maravilhoso. Por todos os lugares onde os homens forem ignorantes, haverá profetas inspirados, fazedores de milagres; esses dois ramos de comércio sempre diminuirão à medida que as nações se esclarecerem.

Finalmente, o cristianismo inclui entre as diversas provas da verdade de seus dogmas, um grande número de *mártires* que selaram com seu sangue a verdade das opiniões religiosas que haviam adotado. Não há religião sobre a terra que não teve seus ardentes defensores, dispostos a sacrificar suas vidas pelas ideias às quais foram persuadidos de que sua felicidade eterna estava ligada. O homem supersticioso e ignorante é obstinado em seus preconceitos; sua credulidade o impede de suspeitar que seus guias espirituais poderiam tê-lo enganado; sua vaidade o faz acreditar que ele mesmo não poderia considerar a mudança. Enfim, se sua imaginação é suficientemente forte para ver os céus se abrirem e a divindade disposta a recompensar sua coragem, não há suplício que não o encoraje e que não o resista. Em sua embriaguez, desprezará os tormentos de pouca duração, rirá no meio dos carrascos; seu espírito alienado torná-lo-á insensível à dor. A piedade amolece, então, o coração dos espectadores; eles admiram a firmeza maravilhosa do mártir; seu entusiasmo os ganha; acreditam que a causa é justa; e sua coragem, que lhe parece sobrenatural e divina, torna-se uma prova indubitável da verdade de suas opiniões. Desse modo, por uma espécie de contágio, o entusiasmo se comunica; o homem sempre se interessa àquele que mostra mais firmeza, a tirania atrai defensores a todos aqueles que persegue. Assim, a constância dos primeiros cristãos teve de, por um efeito natural, formar prosélitos, e os martírios nada provaram, senão a força do entusiasmo, da cegueira, da obstinação, que a superstição pode produzir, e a cruel demência de todos aqueles que perseguem seus semelhantes por opiniões religiosas.

Todas as paixões fortes têm seus mártires: o orgulho, a vaidade, os preconceitos, o amor, o entusiasmo pelo bem público, os próprios crimes fazem todos os dias mártires, ou ao menos fazem com que aqueles que são embriagados por esses objetos fechem os olhos aos perigos. É, portanto, surpreendente que o entusiasmo e o fanatismo, as duas paixões mais fortes entre os homens, tenham feito, por tantas vezes, com que esses enfrentassem a morte, inebriados pelas esperanças advindas desses ardores? Aliás, se o cristianismo se glorifica de seus mártires, o judaísmo não tem os seus? Os judeus desafortunados, que a inquisição condena às chamas, não são tão mártires de sua religião, cuja constância prova em seu favor, quanto os mártires cristãos podem provar em favor do cristianismo? Se os martírios provassem a verdade de uma religião, não haveria religião nem seita que não pudesse ser vista como verdadeira.

Enfim, entre o número, talvez exagerado, de mártires que o cristianismo faz honrar, há vários que foram, pelo contrário, vítimas de um zelo enorme, de um temperamento turbulento, de um espírito sedicioso do que de um espírito religioso. A própria Igreja não ousa justificar aqueles a quem o seu entusiasmo imprudente, às vezes, impele a perturbar a ordem pública, a destruir os ídolos, a derrubar os templos do paganismo. Se homens dessa espécie foram vistos como mártires, todos os sediciosos, todos os perturbadores da sociedade teriam direito a esse título, quando fossem punidos[51]*.

---

[51] * Alguns estudiosos acreditam que o número de mártires cristãos é muito menor do que aquele oficializado pela Igreja. Parece haver um exagero e uma supervalorização dessa prática, justamente porque o martírio é peça fundamental na doutrina cristã, especialmente no catolicismo. Cf. BASLEZ, M-F. *Persécutions dans l'Antiquité: victimes, héros, martyrs*. Paris: Fayard, 2007. Cf. BOWERSOCK, Glen W. *Rome et le martyre*. Paris: Flamarion, 2004. Cf. HOPKINS, K. Christian number and its implications. *Journal of Early Christian Studies*, [S. l.], v. 6, n. 2, p. 185-226, 1998. Cf. TÁCITO. *Anales*. Traducción: Crescente López de Juan. Madri: Alianza Editorial, 2017. George Bernard Shaw faz uma sagaz observação no terceiro ato, segunda cena do *The devil's disciple*, de 1901: "*Martírio, senhor, é o que essas pessoas gostam: é a única maneira pela qual um homem pode se tornar famoso sem ter habilidade*". SHAW, G. B. *The devil's disciple*. New York: Brentano's, 1906. p. 56. (N. T.).

CAPÍTULO VII

DOS MISTÉRIOS DA RELIGIÃO CRISTÃ

Revelar alguma coisa a alguém é o mesmo que descobrir segredos que antes esse alguém ignorava[52]. Se perguntarmos aos cristãos quais são os segredos importantes que exigiram que o próprio Deus permitisse dar-se ao trabalho de revelá-los, eles irão nos dizer que o maior desses segredos e o mais necessário ao gênero humano é o da unidade da divindade; segredo que, segundo eles, os homens, por si mesmos, seriam incapazes de descobrir. Porém, nós não estaremos no direito de lhes perguntar se essa asserção é realmente verdadeira? Não se pode duvidar de que Moisés anunciou um Deus único aos hebreus e que fez todos os esforços para torná-los inimigos da idolatria e do politeísmo das outras nações, cuja crença e culto representou como abominável aos olhos do Monarca celestial que os havia tirado do Egito. Um considerável número de sábios do paganismo, sem o auxílio da revelação judaica, não descobriu um Deus supremo, senhor de todos os outros deuses? Além disso, o destino, a que estavam subordinados todos os outros deuses do paganismo, não era um Deus único, cuja natureza inteira submetia-se à lei soberana? Quanto aos traços sob os quais Moisés pintou sua divindade, nem os judeus nem os cristãos têm o direito de se vangloriar deles. Vemos neles apenas um déspota bizarro, colérico, cheio de crueldade, de injustiça, de parcialidade e de malignidade, cuja conduta deve lançar todo homem que medite sobre ela na mais terrível perplexidade[53*]. O que seria, se viéssemos a juntar os atributos inconcebíveis que a teologia cristã se esforça em atribuir-lhe? É conhecer a divindade, dizer que ela é um *espírito*, um ser *imaterial*, que não se parece em nada com o que nossos sentidos nos fazem conhecer? O espírito humano não se confunde com os atributos negativos *de infinidade, de imensidão, de eternidade, de onipotência, de*

---

[52] Nas religiões pagãs, revelavam-se os mistérios aos iniciados; eles aprendiam, então, coisas que não sabiam. Na religião cristã, revela-se que devem acreditar na Trindade, nas encarnações, nas ressurreições etc., etc., etc. ou seja, em coisas que eles não compreendem mais do que se não houvessem sido reveladas ou que os mergulham em uma ignorância maior do que antes.

[53] * Para além do que Holbach escreve aqui sobre Moisés, cf. também: HOLBACH, 2011. Cf. ANÔNIMO DO SÉCULO XVII. *Tratado dos três impostores:* Moisés, Jesus, Maomé. O espírito de Espinosa. Tradução de Luís Manuel Bernardo. Lisboa: Vega, 2004. (N. T.).

onisciência etc.⁵⁴* com os quais foi adornado esse Deus apenas para torná-lo mais inconcebível? Como conciliar a sabedoria, a bondade, a justiça e as outras qualidades morais que se dá a esse Deus com a conduta estranha e frequentemente atroz que os livros dos cristãos e dos hebreus lhe atribuem em todas as páginas? Não teria sido melhor deixar o homem na total ignorância da divindade do que lhe revelar um Deus cheio de contradições, que está constantemente prestes à disputa e que somente lhe serve de pretexto para perturbar seu repouso? Revelar um Deus igual a esse, nada mais é do que revelar aos homens um projeto para laçá-los no maior dos embaraços, para incitá-los às disputas, para se prejudicarem, para se tornarem infelizes.

Seja como for, é realmente verdade que o cristianismo admite somente um Deus, o mesmo de Moisés? Não vemos os cristãos adorando uma divindade tripla com o nome de *Trindade*? O Deus supremo gera de toda eternidade um Filho igual a ele; desses dois deuses procede um terceiro, igual aos dois primeiros; esses três deuses, iguais em divindade, em perfeição, em poder, formam, contudo, um único Deus. Não é o suficiente, então, expor esse sistema para mostrar a absurdidade? Portanto, é tão-somente para revelar tais mistérios que a divindade se deu ao trabalho de instruir o gênero humano? As nações mais ignorantes e mais selvagens erigiram as opiniões mais monstruosas e próprias para derrotar a razão⁵⁵. Entretanto, os escritos de Moisés nada contêm que pudesse dar lugar a esse sistema tão estranho; somente por meio de explicações forçadas é que alguém pretende encontrar o dogma da Trindade na Bíblia. Quanto aos judeus, contentes com o Deus único, anunciado pelo seu legislador, jamais pensaram em o triplicar.

---

⁵⁴ * Sobre essa compreensão de Holbach sobre os atributos negativos, indico a leitura de SALAÜN, Franck. Holbach et la critique des qualités negatives. *In*: BOURDIN, J. C. *Materialistes français du XVIIIe siècle*: la Mettrie, Helvetius, Holbach. Paris: PUF, 2006. p. 307–324. Cf. ÁVILA, 2018, p. 85-112. (N. T.).

⁵⁵ O dogma da Trindade é visivelmente emprestada dos sonhos de Platão, ou talvez das alegorias sob as quais esse filósofo romanesco tentava esconder sua doutrina. Parece que é dele que o cristianismo é devedor da maior parte de seus dogmas. Platão admitia três hipóstases ou modos de ser da divindade. A primeira constitui o Deus supremo; a segunda, o Logos, o verbo, a inteligência divina, engendrada pelo primeiro Deus; a terceira é o Espírito ou a alma do mundo*. Os primeiros doutores do cristianismo parecem ter sido platônicos, seu entusiasmo encontrava, sem dúvida, em Platão, uma doutrina análoga a sua religião; se o tivessem reconhecido, teriam feito dele um profeta ou um Padre da Igreja. Os missionários jesuítas acharam no Tibete uma divindade semelhante àquela de nossos pais. Os tártaros chamam a Deus Kon-cio-cik, Deus único, e Kon-cio-sum, Deus triplo. Em seus rosários, dizem, on, ha, hum, inteligência, força, poder; ou palavra, coração, amor. Essas três palavras são um dos nomes da divindade. Ver *Lettres edificantes*, tomo 15**. O número três sempre foi muito respeitado pelos antigos, porque nos idiomas orientais, salons, que significa três, significa também saúde.

* Cf. GOLDSCHMIDT. V. A religião de Platão. Tradução de Ieda e Oswaldo Porcht Pereira. 2. ed. São Paulo: Difusão Europeia do Livro, 1970. (N. T.).

** Cf. COMPAGNIE DE JESUS. *Lettres edificantes et curieuses*: escrites des missions etrangeres. Paris: Nicolas le Clerg, 1722. p. 183-209. (N. T.).

O segundo desses deuses, ou, de acordo com a linguagem dos cristãos, *a segunda pessoa da Trindade*, revestiu-se da natureza humana, encarnou no seio de uma virgem e, renunciando sua divindade, sujeitou-se às enfermidades associadas a nossa espécie, e até mesmo sofreu uma morte ignominiosa para expiar os pecados do mundo. Isso é o que o cristianismo chama *o mistério da encarnação*. Quem não vê que essas noções absurdas são emprestadas dos egípcios, dos indianos e dos gregos, cujas ridículas mitologias supunham os deuses revestidos em forma humana e sujeitos, como os homens, às enfermidades[56]?

Assim, o cristianismo ordena-nos a crer que um Deus feito homem, sem prejudicar a sua divindade, podia sofrer, morrer, oferecer-se em sacrifício, mas não podia dispensar uma conduta tão bizarra para apaziguar sua própria cólera. A isso os cristãos chamam de o mistério da *redenção* do gênero humano.

É verdade que esse Deus morto ressuscitou; semelhante nisso a Adônis dos fenícios, a Osíris dos egípcios, a Attis da Frígia, que foram símbolos de uma natureza que periodicamente morria e renascia, o Deus dos cristãos renasce de suas próprias cinzas, e sai triunfante da sepultura.

São esses os maravilhosos segredos ou os sublimes mistérios que a religião cristã exibe a seus discípulos. São essas as ideias, ora grandes, ora abjetas, mas sempre inconcebíveis, que ela nos dá da divindade; aqui estão as luzes que a revelação dá ao nosso espírito! Parece que a divindade que os cristãos adotam propôs-se apenas a redobrar as nuvens que velam a essência divina aos olhos dos homens. Deus, nos dizem eles, quis ridicularizar-se para confundir a curiosidade daqueles que o afirmam, querendo, portanto, iluminá-los com uma graça especial. Que ideia podemos formar de uma revelação que, longe de nada ensinar, se compraz em confundir as noções mais claras?

Assim, não obstante a revelação tão exaltada pelos cristãos, seu espírito não tem luz alguma sobre o ser que serve de base a toda religião; ao contrário, essa famosa revelação serve apenas para obscurecer todas as ideias que poderíamos dela formar. A Escritura Santa o chama um *Deus oculto*. Davi disse-nos *que o seu lugar de retiro é nas trevas; que as águas turvas e as nuvens formam o pavilhão que o cobre*. Enfim, os cristãos, esclarecidos pelo próprio

---

[56] Os egípcios parecem ter sido os primeiros a afirmar que seus deuses haviam ocupado corpos. *Foé*, Deus do povo chinês, nasceu de uma virgem fecundada por um raio de sol. Ninguém duvida, no Hindustão, da encarnação de *Vishnu*. Parece que os teólogos de todas as nações, desesperados por não poderem se elevar até Deus, forçaram-no a descer até eles.

Deus, somente têm dele ideias contraditórias, noções incompatíveis que tornam sua existência duvidosa ou mesmo impossível aos olhos de todo homem que consulta sua razão.[57]

De fato, como conceber um Deus que, havendo criado o mundo para a felicidade do homem, permite, entretanto, que a maior parte da raça humana seja infeliz neste mundo e no outro? Como um Deus que goza da suprema felicidade poderia se ofender com as ações de suas criaturas? Esse Deus é, assim, suscetível à dor; seu Ser pode, desse modo, ser perturbado; ele é, portanto, dependente do homem, que pode animá-lo ou afligi-lo à vontade. Como um Deus poderoso deixa as suas criaturas uma liberdade funesta, da qual podem abusar para ofendê-lo e também para a sua própria perdição? Como um Deus pode se fazer homem e, sendo autor da vida e da natureza, pode morrer? Como um Deus único pode vir a ser triplo sem prejudicar sua unidade? Respondem-nos que todas essas coisas são mistérios; porém, esses mistérios destroem a existência do próprio Deus. Não seria mais racional admitir na natureza, com Zoroastro ou Manes[58]*, dois princípios ou dois poderes opostos do que admitir, com o cristianismo, um Deus Todo-Poderoso que não pode impedir o mal; um Deus justo mas parcial; um Deus clemente porém implacável, que punirá durante uma eternidade os crimes de um momento; um Deus simples, que se triplica; um Deus, princípio de todos os seres, que pode consentir em morrer por não poder satisfazer de outra forma a sua justiça divina? Se em um mesmo sujeito os contrários não podem subsistir ao mesmo tempo, a existência do Deus dos judeus e dos cristãos é, sem dúvida, impossível. Assim, somos forçados a concluir que os doutores do cristianismo, pelos atributos que utilizaram para ornar, ou melhor, para desfigurar a divindade, em lugar de fazê-la conhecida, aniquilaram-na ou pelo menos a tornaram irreconhecível. Foi assim que, à força de fábulas e de mistérios, a revelação perturbou a razão dos homens, tornou incertas as noções simples que eles poderiam formar do ser necessário que governa a natureza com leis imutáveis. Se não podemos negar[59]* a existência de um Deus, é certo, pelo menos, que não podemos

---

[57] Um padre da igreja* disse: *Tunc Deum maxime cognoscimus, cum ignorare cum cognoscimus.*
* Dionísio, o Areopagita (século I d.C.) (N. T.).

[58] * Sobre Zoroastro, cf. ELIADE, M. *História das crenças e das ideias religiosas I*: da Idade da Pedra aos mistérios de Elêusias. Tradução de Roberto Cortes de Lacerda. Rio de Janeiro: Zahar, 2010. p. 289–317. Sobre Manes, também chamado de Mani, fundador do Maniqueísmo, cf. ELIADE, M. *História das crenças e das ideias religiosas II*: de Gautama Buda ao triunfo do cristianismo. Tradução de Roberto Cortes de Lacerda. Rio de Janeiro: Zahar, 2011. p. 332–343. (N. T.).

[59] * Provavelmente, a afirmação desta sentença de Holbach seja de que não é possível comprovar a existência de qualquer Deus, sendo assim menos provável, e até inadmissível, aceitar o Deus dos cristãos. (N.T)

admitir aquele a quem os cristãos adoram, cuja religião afirma revelar-lhes a conduta, as ordens e as qualidades. Se ser *ateu* é não ter ideia alguma da divindade, a teologia cristã pode ser vista apenas como um projeto para aniquilar a existência do Ser supremo.[60]

---

[60] Os teólogos cristãos nunca estiveram de acordo entre eles sobre as provas da existência de um Deus. Tratam-se reciprocamente de *ateus*, porque suas demonstrações nunca são as mesmas. Há poucas pessoas entre os cristãos que escreveram sobre a existência de Deus sem que fossem acusados de *ateísmo*. Descartes, Clarke, Pascal, Arnauld, Nicole eram vistos como *ateus*; a razão é bem simples: é totalmente impossível provar a existência de um Ser tão bizarro quanto aquele a quem o cristianismo fez seu Deus. Eles nos dirão, sem dúvida, que os homens não possuem medidas para julgar a divindade e que seu espírito é muito limitado para que possam formar uma ideia dele. Nesse caso, porém, por que raciocinar sem cessar? Por que atribuir qualidades que se destroem umas às outras? Por que contar fábulas? Por que disputar e cortar a garganta uns dos outros sobre a maneira de entender as fantasias debitadas em sua conta?

CAPÍTULO VIII

OUTROS MISTÉRIOS E DOGMAS DO CRISTIANISMO

Pouco contentes com as nuvens misteriosas que o cristianismo espalhou acerca da divindade, e com as fábulas judaicas que haviam adotado por conta própria, os doutores cristãos parecem ter se ocupado apenas em multiplicar os mistérios e em confundir cada vez mais a razão de seus discípulos. A religião, destinada a esclarecer as nações, não é mais que um tecido de enigmas; é um labirinto, do qual é impossível ao bom senso sair. O que as superstições antigas acreditavam de mais inconcebível teve de, por necessidade, encontrar um lugar em um sistema religioso, o qual impôs como princípio um silêncio eterno à razão. O fatalismo dos gregos nas mãos dos sacerdotes cristãos transformou-se em *predestinação*. Segundo esse dogma tirânico, o Deus das misericórdias destina o maior número de infelizes mortais aos tormentos eternos. Ele os põe somente por um certo tempo neste mundo para que abusem de suas faculdades, de sua liberdade, a fim de se tornarem dignos da cólera implacável de seu criador. Um Deus cheio de provisão e de bondade dá ao homem um *livre arbítrio*, sabendo-o muito bem que ele fará um uso bastante perverso, merecendo, assim, a condenação eterna. Dessa forma, a divindade cria o maior número de homens sem lhes dar as inclinações necessárias para sua felicidade, tampouco lhes permite agir, exceto para ter o prazer de mergulhá-los no inferno. Nada é mais horroroso que as pinturas que o cristianismo nos faz dessa estadia, destinada à maior parte da raça humana. Um Deus misericordioso saciar-se-á por toda a eternidade nas lágrimas dos desafortunados, que fez nascer para serem infelizes. O pecador, encarcerado nas masmorras tenebrosas, será entregue para sempre às chamas devoradoras; as abóbadas dessa prisão ressoarão com os berros e o ranger de dentes; os tormentos que sentirão, depois de milhões de séculos, estarão apenas começando, e um dia perder-se-á a esperança consoladora de ver o fim dessas penas, a qual irá se deleitar sobre si mesma. Em suma, Deus, por um ato de sua onipotência, tornará o homem suscetível ao sofrimento, sem interrupção e sem fim. Sua justiça lhe permitirá punir crimes finitos, cujos efeitos são limitados pelo tempo, por tormentos infinitos que durarão por toda eternidade. Essa é a ideia que o cristão forma do Deus que exige seu amor. Esse tirano somente o criou para torná-lo infeliz; lhe dá a razão para o enganar; inclinações para o extraviar; liberdade para o determinar a fazer o que deverá destruí-lo para sempre. Enfim, ele dá vantagens sobre as bestas, somente para ter a oportunidade de expô-los aos tormentos, dos quais essas bestas, assim como as substâncias inanimadas, estão isentas. O dogma da predestinação torna a sorte do homem muito mais desagradável do que a das pedras e a dos brutos.[61]

É verdade que o cristianismo promete uma morada deliciosa àqueles que a divindade escolheu para ser os objetos de seu amor, porém esse lugar está reservado apenas a um pequeno número de eleitos, que, sem mérito algum de sua parte, terão, entretanto, os direitos à bondade de seu Deus, parcial para com eles e cruel para com o restante dos homens.

É assim que o *Tártaro* e os *Campos Elísios*[62*] da mitologia pagã, inventados por impostores que queriam fazer tremer os homens, ou seduzi-los, encontraram lugar no sistema religioso dos cristãos, os quais modificaram os nomes dessas moradas para *Paraíso e Inferno*. Não deixarão de nos dizer que o dogma das recompensas e dos castigos da outra vida é útil e necessário para os homens, que, sem isso, entregar-se-iam sem temor aos maiores excessos. Respondo, porém, que o legislador dos judeus havia cuidadosamente escondido esse pretendido mistério e que o dogma da vida futura fazia parte do segredo que nos mistérios dos gregos revelava-se aos iniciados. Esse dogma foi ignorado pelo vulgo e a sociedade não deixou de subsistir. Aliás, o que contém nos homens não são os terrores distantes que as paixões presentes sempre desprezam ou ao menos que tornam problemáticos, senão as boas leis, uma educação razoável e alguns princípios honestos. Se os soberanos governassem com sabedoria e equidade, não necessitariam do dogma das recompensas e dos castigos futuros para conter aos povos. Os homens serão sempre mais afetados pelas vantagens presentes e os castigos

---

[61] O dogma da predestinação gratuita constitui a base da religião judaica. Nos escritos de Moisés, vemos um Deus parcial para o povo por ele escolhido, e injusto para com todas as outras nações. A teologia e a história dos gregos mostram-nos por todas as partes, homens castigados pelos deuses, por crimes necessários e anunciados pelos oráculos. Vemos exemplos em Orestes, em Édipo, em Ajax etc. Em todos os tempos, os homens fizeram de Deus o mais injusto de todos os seres. Entre nós, segundo os jansenistas, Deus somente concede sua graça a quem lhe agrada, independentemente do mérito, que está muito mais em conformidade com o fatalismo judaico, cristão e pagão do que a doutrina dos molinistas, a qual afirma que Deus concede sua graça a todos aqueles que a merecem e a pedem. É certo que os cristãos consequentes são os verdadeiros *fatalistas*; eles se safam dizendo que as vias de Deus são um mistério, porém se são mistérios, por que sempre falam deles?

[62] * Na mitologia grega, mas também em outras mitologias, respectivamente, lugar destinado às almas impuras e às almas puras. (N. T.).

visíveis do que pelos prazeres e suplícios que lhe são anunciados em uma outra vida. Se o desprezo, a infâmia e a forca não são capazes de impedir os criminosos, não será o temor do inferno que os deterá. As nações cristãs não estão cheias de malfeitores que desafiam sem cessar o inferno, de cuja existência jamais duvidaram?

Seja como for, o dogma de uma vida futura supõe que o homem sobreviverá a si mesmo, ou pelo menos que depois de sua morte será suscetível às recompensas e aos castigos que a religião o faz prever. Segundo os cristãos, os defuntos um dia retomarão seus corpos; por um milagre do Todo-Poderoso, as moléculas dissolvidas e dispersas que compunham seus corpos aproximar-se-ão; elas se combinarão de novo com suas almas imortais: essas são as ideias maravilhosas que o dogma da *ressurreição* apresenta. Os judeus, cujo legislador jamais falou desse estranho fenômeno, parecem ter tirado essa doutrina dos magos durante seu cativeiro na Babilônia; entretanto, não foi universalmente admitida entre eles. Os fariseus admitiam a ressurreição dos mortos; os saduceus a rejeitavam; hoje em dia, ela é um dos pontos fundamentais da religião cristã[63]. Seus sectários creem firmemente que um dia ressuscitarão e que sua ressurreição será seguida pelo julgamento universal e o fim do mundo. Segundo eles, Deus que tudo sabe e que conhece até os pensamentos mais secretos dos homens, virá sobre as nuvens para fazer com que prestem a exata conta de suas condutas. Ele os julgará com o maior aparato e após esse julgamento, sua sorte será irrevogavelmente decidida; os bons serão admitidos na deliciosa morada que a divindade reserva para seus eleitos e anjos; os maus serão lançados às chamas destinadas aos demônios, inimigos de Deus e dos homens.

Na verdade, o cristianismo reconhece seres invisíveis de uma natureza diferente da do homem, alguns dos quais executam a vontade do altíssimo e os outros estão perpetuamente ocupados em realizar seus desígnios. Os primeiros são conhecidos com o nome de *Anjos*, ou de mensageiros, subordinados a Deus: dizem que Ele os utiliza para que velem pela administração do universo e sobretudo pela conservação do homem. Esses seres benéficos

---

[63] O autor do Eclesiastes, *cap. 3, vers. 19* compara a morte dos homens àquela dos animais e parece pelo menos colocar como problema o dogma da imortalidade da alma. Não vemos no Evangelho que Jesus Cristo comete um crime aos saduceus ao negar a ressurreição; entretanto, esse artigo merecia algumas observações por parte de um Deus que acabara de ensinar tantas singularidades aos homens e, além disso, devia ressuscitar a si mesmo. É verdade que Jesus disse no Evangelho que Deus não é *o Deus dos mortos**; porém, isso não provaria a ressurreição, mas sim comprovaria que Abraão, Isaac e Jacó não morreram, visto que esses patriarcas ainda não ressuscitaram. Quanto a isso, as Escrituras nada ensinam.
* Cf. Mt 22:32, Mc 12: 27, Lc 20:38. (N. T.).

são, segundo os cristãos, *espíritos puros*; mas têm o poder de se tornarem sensíveis, adotando a forma humana. Os Livros Sagrados dos judeus e dos cristãos estão cheios de aparições desses seres maravilhosos, que a divindade enviava aos homens aos quais queria favorecer, a fim de que servissem de seus guias, seus protetores, seus deuses tutelares. De onde se vê que os bons anjos que estão na imaginação dos cristãos, o mesmo que as ninfas, os lares, os penates[64*], estiveram na imaginação dos pagãos, e o que as *fadas* eram para nossos fazedores de romances.

Os seres desconhecidos da segunda espécie foram designados com o nome de *demônios, diabos, espíritos malignos*: eram vistos como inimigos do gênero humano, seus tentadores, sedutores, perpetuamente ocupados em fazê-lo cair no pecado. Os cristãos atribuem-lhes um poder extraordinário, a faculdade de fazer milagres semelhantes aos do Altíssimo e sobretudo um poder que sacode o do próprio Deus, tornando inúteis todos os seus projetos. De fato, ainda que a religião cristã não conceda formalmente ao demônio o mesmo poder que a Deus, supõe, entretanto, que esse espírito maléfico impede os homens de chegar à felicidade que a divindade benfeitora lhe destina e conduz o maior número à perdição. Em suma, segundo as ideias do cristianismo, o império do diabo se estende mais que o do ser supremo; Deus consegue salvar apenas alguns eleitos, enquanto o diabo conduz à danação uma imensa quantidade daqueles que não têm força para resistir as suas inspirações perigosas. Quem não vê que *satanás*, o demônio, objeto de terror para os cristãos, é emprestado do dogma dos dois princípios, admitido outrora no Egito e em todo o Oriente? Osíris e Tífon dos egípcios, Orosmade e Arimane[65*] dos persas e dos caldeus, fizeram, sem dúvida, nascer a guerra contínua que subsiste entre o Deus dos cristãos e seu adversário. Com esse sistema, os homens acreditaram aperceber-se dos bens e dos males que lhes ocorrem. Um diabo todo-poderoso serve para isentar a divindade das desgraças necessárias e imerecidas que afligem o gênero humano.

---

[64] * As ninfas eram divindades femininas, presentes na mitologia grega e romana, que vivem em lagos, riachos, florestas, montanhas. Os Lares eram os deuses responsáveis, entre os romanos, de cuidarem das casas e das encruzilhadas. Já os Penates, também entre os romanos, mas não só, eram as divindades responsáveis pelo bem-estar familiar, pelos suprimentos alimentares e a prosperidade das famílias. Cf. COMMELIM, P. *Mitologia grega e romana*. Tradução de Eduardo Brandão. São Paulo: Martins Fontes, 2011. (N. T.).

[65] * Holbach, em vez de usar Osíris e Seth, relaciona esse último com a designação grega, Tífon. Orosmade e Arimane ou Arimã. Tanto os dois primeiros quanto esses últimos representam o bem (Osíris e Orosmade) e o mal (Seth (Tífon) e Arimane). (N. T.).

Esses são os dogmas assustadores e misteriosos sobre os quais os cristãos estão de acordo; há muitos outros que são próprios de seitas particulares. É assim, pois, que uma seita[66]* numerosa do cristianismo admite que há um lugar intermediário, conhecido com o nome de *purgatório*, onde as almas, menos criminosas que aquelas merecedoras do inferno, ficam por um tempo, a fim de expiar, com rigorosos suplícios, as faltas cometidas nesta vida; elas são, em seguida, admitidas à morada da eterna felicidade. Esse dogma, visivelmente emprestado das extravagâncias de Platão, está nas mãos dos Padres da Igreja romana, é uma fonte inesgotável de riquezas, utilizada por esses sacerdotes que se viram arrogados com o poder de abrir as portas do purgatório, afirmando que suas poderosas orações são capazes de moderar o rigor dos decretos divinos e abreviar os tormentos das almas as quais um Deus justo condenou a esta estadia infeliz.[67]

O que procede aqui nos prova que a religião cristã não deixou faltar aos seus sectários objetos de medo e de terror. Fazendo tremer os homens, consegue torná-los submissos e também perturbar sua razão.[68]

---

[66] * A seita à qual se refere Holbach é o catolicismo. Sobre o dogma do purgatório, cf. LE GOFF, J. *O nascimento do purgatório*. Tradução de Maria Ferreira. Petrópolis, Vozes, 2017. (N. T.).

[67] É evidente que os católicos romanos devem a Platão seu *Purgatório*. Esse filósofo exaltado divide as almas dos homens em *puras, curáveis e incuráveis*. As primeiras, que haviam pertencido aos justos, retornavam para se fundir à Alma Universal do mundo, quer dizer, à Divindade, de onde haviam emanado; as segundas iam para o inferno onde todos os anos passavam em revista diante dos juízes desse império tenebroso; permitia-se voltar à luz as almas que haviam expiado suficientemente suas culpas. Finalmente, as almas incuráveis permaneciam no tártaro, onde eram atormentadas para sempre*. Platão e os casuístas cristãos indicam os crimes, ou as faltas, que merecem diferentes graus de castigo. Os doutores protestantes, com ciúmes, sem dúvida, das riquezas do clero católico, tiveram a imprudência de rejeitar o dogma do purgatório, reduzindo muito seu próprio crédito. Talvez tivesse sido mais sábio banir o dogma do inferno, de onde nada pode tirar as almas, do que o purgatório, menos revoltante, de onde os padres têm a faculdade de tirá-las por meio do dinheiro.
* Cf. GOLDSCHMIDT, 1970. Sobre a teoria da alma em Platão, cf. também as obras: A República, Fédon e Fedro. (N. T.).

[68] Maomé sentiu o mesmo que os doutores cristãos, isto é, a necessidade de amedrontar os homens para dominá-los. "Esses, diz o Corão, que não creem, serão revestidos por um hábito de fogo; se jogará água fervendo sobre suas cabeças; suas entranhas e suas peles se dissolverão e serão atingidas com bastões de ferro. Todas as vezes que tentarem sair do inferno, para fugir dos tormentos, voltar-se-á a reconduzi-los, e os demônios lhes dirão: *experimentem a dor das chamas*." Ver *Corão, cap. 8*.

CAPÍTULO IX

DOS RITOS, DAS CERIMÔNIAS MISTERIOSAS OU DA TEURGIA DOS CRISTÃOS[69]

Se os dogmas, ensinados pela religião cristã, são mistérios inacessíveis à razão; se o Deus que anuncia é um Deus inconcebível, não devemos nos surpreender ao ver que seus ritos e cerimônias conservam um tom ininteligível e misterioso. Sob um Deus, revelado apenas para confundir a razão humana, tudo deve ser incompreensível, todo o bom senso deve faltar.

A cerimônia mais importante do cristianismo, e sem a qual nenhum homem pode ser salvo, chama-se *Batismo*, que consiste em derramar um pouco de água sobre a cabeça de uma criança ou de um adulto, invocando a Trindade. Pela virtude misteriosa dessa água e pelas palavras que acompanham, o homem é espiritualmente *regenerado*; está limpo das manchas adquiridas de geração em geração, desde o primeiro pai do gênero humano. Em suma, ele se torna filho de Deus e apto a entrar em sua glória, quando deixar este mundo. No entanto, segundo os cristãos, o homem somente morre em consequência do pecado de Adão; mas se pelo batismo o pecado é apagado, como é que os cristãos estão sujeitos à morte? Dir-nos-ão que Jesus Cristo livrou os homens da morte espiritual, e não da morte corporal; mas essa morte espiritual não é outra coisa senão a do pecado. Nesse caso, como é possível que os cristãos continuem a pecar como se não houvessem sido redimidos e libertados do pecado? De onde se vê que o batismo é um mistério impenetrável à razão, cuja experiência desmente a eficácia.[70]

---

[69] A Teurgia* é essa espécie de magia que se fazia com a ajuda dos espíritos benéficos.
* Sobre a teurgia cf. HAUSCHILD, A. K. *A doutrina do trabalho divino*: a influência da teurgia dos Oráculos Caldeus sobre a Filosofia de Jâmblico. 2019. Dissertação (Mestrado em Filosofia) – Universidade Federal do Rio Grande do Sul, Porto Alegre, 2019. p. 115–129. (N. T.).

[70] A cerimônia do batismo praticava-se nos mistérios de Mitras*; os iniciados eram regenerados por ela. Esse Mitra era um mediador. Mesmo que os doutores cristãos olhem o batismo como necessário para a salvação, vemos, no entanto, que São Paulo não quis que se fizesse batizar os Coríntios. Vemos ainda que circuncidou Timóteo.
* Cf. ELIADE, 2011, p. 281–289. Cf. ULANSEY, D. *The origins of the Mithraic mysteries*: cosmology and salvation in the Ancient World. Oxford: Oxford University Press, 1991. Cf. FRANZ, C. *Os mistérios de Mitra*. Tradução de Marthe Malvezzi Leal. São Paulo: Madras, 2004. (N. T.).

Em algumas seitas cristãs[71]*, quando um bispo ou um pontífice pronuncia certas palavras e aplica um pouco de azeite à fronte, faz descer o Espírito Santo sobre um homem jovem ou uma criança. Por meio dessa cerimônia, o cristão é *confirmado* em sua fé, ele recebe invisivelmente uma enorme quantidade de graças do Altíssimo.

Todos aqueles cristãos que, por uma renúncia perfeita de sua razão, aprofundam-se no espírito de sua inconcebível religião, não contentes com os mistérios que são comuns também às outras seitas, admitem um em especial que causa a mais estranha surpresa: o da *transubstanciação*. À voz temível de um sacerdote, o Deus do universo é forçado a descer de sua morada gloriosa para se transformar em pão; e esse pão tornado Deus é o objeto das adorações de um povo que se vangloria de detestar a idolatria.[72]

Em cerimônias pueris, às quais o entusiasmo dos cristãos atribui um grande valor, não podemos deixar de ver os mais claros vestígios da *teurgia* praticada entre os povos orientais. A divindade, compelida pelo poder mágico de algumas palavras, acompanhadas de cerimônias, obedece à voz de seus sacerdotes ou daqueles que sabem os segredos para fazê-la agir e, sob suas ordens, ela opera maravilhas. Essa espécie de *magia* é perpetuamente exercida pelos sacerdotes do cristianismo. Eles persuadem os seus discípulos de que as fórmulas, recebidas por tradição, que os atos arbitrários e certas movimentações do corpo são capazes de obrigar esse Deus da natureza a suspender suas leis, a se entregar a seus desejos, a espalhar as suas graças. Assim, nessa religião, o sacerdote adquire o direito de comandar o próprio Deus. Sobre esse império, ele exerce poder sobre seu Deus; a partir dessa verdadeira teurgia, ou do comércio misterioso da terra

---

[71] * Novamente a referência aqui ao catolicismo, especificamente ao denominado sacramento da confirmação. (N. T.).

[72] Os brâmanes do Hindustão distribuem arroz nos seus templos; essa distribuição chama-se *Prajadam*, ou Eucaristia. Os mexicanos creem em uma espécie de transubstanciação. O padre Acosta faz menção a isso, *livro V, cap. 25 de suas viagens**. Assim, os católicos romanos não são os únicos que incorreram nessa extravagância. Cícero acreditava que o entendimento humano era incapaz de levar ao delírio a ponto de comer seu Deus. Ver *de Divinatione, livro. II***. Os protestantes tiveram coragem o suficiente para rejeitar esse mistério, embora talvez seja o mais formalmente estabelecido por Jesus Cristo, que disse positivamente: *Tomai e comei, porque este é o meu corpo****. Averróis dizia, *Anima mea fit cum Philosophis, non vero cum Christianis, gente stolidissima, qui Deum faciunt et comedunt* ****. Os peruvianos tinham uma Páscoa na qual imolavam um cordeiro, em que misturavam o sangue dele com farinha para distribuí-lo ao povo. Ver *Almetanae quaestiones Livro II, cap. 20, §5******.

* Cf. ACOSTA, J de. *Historia natural y moral de las Indias*. Barcelona: Linkgua Ediciones, 2018. p. 239–308. (N. T.).
** Cf. CICERONE, M. T. *Della divinazione*. Traduzione: Sebastiano Timpanaro. Garzanti, 1988. (N. T.).
*** Da obra *Fals al Maqal, Kasf al-Manahiy e Damima*. (N. T.).
**** Cf. 1 Cor 11:24-26, Mt 26:26-28, Lc 22:18-20, Mc 14:22-24. (N. T.).
***** Trata-se da obra do religioso francês Pierre Daniel Huet (1630–1721), *Quaestiones alnetanae* (1690). (N. T.).

com o céu, são fundadas as pueris e ridículas cerimônias chamadas pelos cristãos de *Sacramentos*. Já vimos essa teurgia no Batismo, na Confirmação e na Eucaristia, encontramos ainda na *Penitência*, quer dizer, no poder que se arrogam os sacerdotes de algumas seitas de redimir em nome do céu os pecados que lhes confessaram. A mesma teurgia é o sacramento da *Ordem*, quer dizer, cerimônias que imprimem a alguns homens um caráter sagrado que os distingue dos profanos mortais. Há a mesma teurgia nas funções e nos ritos que fatigam os últimos instantes de um moribundo[73*]. A mesma teurgia no *Matrimônio*, no qual o cristão supõe que essa união natural não poderia ser aprovada do céu, se as cerimônias de um sacerdote não validassem e garantissem a sanção do Todo-Poderoso.[74]

Em suma, vemos essa magia branca, ou teurgia, nas *orações*, nas fórmulas, na liturgia e em todas as cerimônias dos cristãos; encontramo-la em suas opiniões; são apenas palavras, dispostas de certo modo, que podem alterar a vontade de seu Deus e obrigá-lo a mudar seus imutáveis decretos. Ela mostra sua eficácia nos *exorcismos*, quer dizer, nas cerimônias em que, com a ajuda de uma água mágica e de algumas palavras, acreditam expulsar os espíritos malignos que infestam o gênero humano. A *água benta*, que entre os cristãos ocupa o lugar da *água lustral* dos romanos, possui, segundo eles, as virtudes mais surpreendentes; ela torna sagrado os lugares e as coisas que anteriormente eram profanos. Enfim, a teurgia cristã, empregada por um pontífice na consagração dos reis, contribui para tornar os chefes das nações mais respeitados aos olhos dos povos e lhes imprime um caráter todo divino.

Dessa maneira, tudo é mistério, tudo é magia, tudo é incompreensível nos dogmas, assim como no culto de uma religião revelada pela divindade que queria tirar o gênero humano de sua ceguidade.

---

[73] * Referência à unção dos enfermos. (N. T.).

[74] Entre os católicos romanos, os sacramentos são em número de sete, número cabalístico, mágico e misterioso*.
* Para algumas curiosidades em torno da simbologia dos números, em especial o número sete aqui referenciado (ver cap. 7) ao longo dos tempos, cf. BANZHAF, H. *La simbologia y el significado de los numeros*. Tradução de Mónica Scholz. Madri: Edaf, 2007. Cf. também: DUFOUR, D-R. *Os mistérios da trindade*. Tradução de Dulce Duque Estrada. Rio de Janeiro: Companhia de Freud, 2000. Principalmente a terceira parte. (N. T.).

CAPÍTULO X

DOS LIVROS SAGRADOS DOS CRISTÃOS

A religião cristã, para mostrar sua origem celestial, fundamenta seus títulos em livros que considera sagrados e inspirados pelo próprio Deus. Vejamos, pois, se suas pretensões são fundamentadas; examinemos se essas obras, portanto, têm realmente o caráter da sabedoria, da omnisciência, da perfeição, que atribuímos à divindade.

A Bíblia, que é objeto de veneração dos cristãos, na qual não há uma só palavra que não seja inspirada, é formada pelo conjunto pouco compatível dos Livros Sagrados dos hebreus, conhecidos pelo nome de *Antigo Testamento*, combinados com obras mais recentes, inspiradas igualmente pelos fundadores do cristianismo, conhecido pelo nome de *Novo Testamento*. No cume dessa coleção, que serve de fundamento e de código à religião cristã, encontra-se cinco livros atribuídos a Moisés, que, quando os escrevia, não era, dizem, mais que o secretário da divindade[75]*. Ele retorna à origem das coisas; ele quer nos iniciar no mistério da criação do mundo, ao passo que ele mesmo não apresenta mais que ideias vagas e confusas, que revelam a todo instante uma ignorância profunda das leis físicas. Deus criou o sol, que é, de acordo com nosso sistema planetário, a fonte de luz, vários dias após ter criado a própria luz. Deus, que não pode ser representado por nenhuma imagem, cria o homem a sua imagem; cria o *macho e a fêmea*, e logo, esquecendo-se do que fez, cria a mulher com uma costela do homem. Em resumo, desde o início da Bíblia, vemos apenas ignorância e contradi-

---

[75] * Já é consenso entre os estudiosos que esses livros não foram escritos por uma única pessoa e que também não foram escritos na mesma época que os acontecimentos supostamente se desenvolveram. O livro do Gênesis, o primeiro do Pentateuco, nada mais é do que um grande emaranhado de contos, provavelmente compilados a partir de mitos mais antigos de outros povos, como os sumérios, os egípcios, entre outros, ao longo de gerações. Os hebreus desejavam criar a sua própria história, e assim erigiram esses mitos, colocando algumas características próprias. Cf. entre outros: FINKELSTEIN; SILBERMAN, 2018. Cf. FINKELSTEIN, I. *O reino esquecido*. Tradução de Silas Klein Cardoso. São Paulo: Paulus, 2015. Cf. LIVERANI, M. *Para além da Bíblia*. Tradução de Orlando Soares Moreira. São Paulo: Loyola, 2014. (N. T.).

ções[76]. Tudo nos prova que a cosmogonia dos hebreus não é mais que um tecido de fábulas e alegorias, incapaz de nos dar ideia alguma das coisas e que serve apenas para o próprio contentamento de um povo selvagem, ignorante e grosseiro, estranho às ciências e ao raciocínio.

No restante das obras atribuídas a Moisés, vemos uma enorme quantidade de histórias improváveis e maravilhosas, um acervo de leis ridículas e arbitrárias, enfim, o autor conclui relatando sua própria morte. Não possuem menos ignorância os livros posteriores a Moisés; Josué detém o sol: Sansão, o Hércules dos Judeus, tem força para derrubar um templo. Se quiséssemos revelar todos os erros e as fábulas inseridas em todas as passagens dessa obra, a qual tem a petulância de atribuir todos esses fatos ao Espírito Santo, a enumeração seria infindável. Toda a história dos hebreus apresenta-nos uma mistura de contos indignos da importância da história e da majestade divina. Ridícula aos olhos do bom senso, parece-nos inventada somente para divertir a credulidade de um povo infantil e estúpido.

Essa compilação informe é entrelaçada por oráculos obscuros e desconexos, com os quais vários inspirados ou profetas, sucessivamente, saciaram a superstição dos judeus. Em suma, no Antigo Testamento, tudo respira entusiasmo, fanatismo, delírio, frequentemente ornado com uma linguagem pomposa; tudo se encontra ali, exceto o bom senso, a boa lógica, a razão, que parecem ser obstinadamente excluídas de um livro que serve de guia para os hebreus e para os cristãos.

Já nos fizeram sentir as ideias abjetas e frequentemente absurdas que esse livro nos dá sobre a divindade. Ela parece ridícula em toda sua conduta; sopra o frio e o calor, contradiz-se a todo instante, age de forma imprudente e se arrepende do que fez. Com uma mão edifica para destruir com a outra. Pela voz de um profeta ela se contradiz com o que foi dito por outro; se ela condena à morte toda a raça humana pelo pecado de um só homem, anuncia pelo profeta Ezequiel que é justa e não responsabiliza essa raça pelas iniquidades de seus pais. Ela ordena os israelitas, por meio da voz de Moisés, roubar os egípcios; porém no Decálogo, publicado pela lei de Moisés, proíbe-os de

---

[76] Santo Agostinho admite que não há como sustentar o verdadeiro sentido dos primeiros três capítulos do Gênesis sem ferir a piedade, sem atribuir a Deus coisas indignas dele e que temos de recorrer à alegoria. Ver *Santo Agostinho, de "Genesi, contra Manicheos", livro I, cap. 2**. Orígenes, também concorda que, se tomarmos literalmente a história da criação, ela é absurda e contraditória. Ver *Philos. Página 12***.

* AGOSTINHO. *Comentários ao Gênesis*. Tradução de Agustinho Belmonte. São Paulo: Paulus, 2005.

** Sobre os comentários de Orígenes em relação à criação, Cf. ORIGENES. *The philocalia of Origen*. Tradução de George Lewis. Edinburg: T&T Clark, 1911. Cf. ORÍGENES. *Tratado sobre os princípios*. Tradução de João Eduardo Pinto Bastos. São Paulo: Paulus, 2012.

roubar e assassinar. Em suma, sempre em contradição consigo mesmo, Jeová, no livro inspirado por seu espírito, muda de acordo com as circunstâncias; jamais mantém uma conduta uniforme e frequentemente é descrito com as características de um tirano, que faria corar o mais determinado dos vilões.

Se dermos uma olhada no Novo Testamento, nada veremos de similar que anuncie esse espírito de verdade, o qual se supõe ter ditado essa obra. Quatro historiadores, ou fabulistas, escreveram a história maravilhosa do Messias; pouco de acordo com as circunstâncias de sua vida, eles se contradizem, por vezes, da maneira mais evidente. A genealogia do Cristo apresentada por São Mateus não se parece àquela que nos mostra São Lucas: um dos evangelistas o faz viajar ao Egito, outro não fala nenhuma palavra dessa fuga; um faz sua missão durar três anos, outro só a supõe por três meses. Vemos a mesma discordância nas circunstâncias dos fatos que relatam. São Marcos diz que Jesus morreu à terceira hora, quer dizer, às nove horas da manhã; São João diz que morreu à sexta hora, quer dizer, ao meio-dia. Segundo São Mateus e São Marcos, as mulheres que após a morte de Jesus foram ao sepulcro, viram apenas um anjo; de acordo com São Lucas e São João, elas viram dois. Esses anjos estavam, segundo alguns, no exterior do sepulcro; segundo outros, no interior da tumba. Vários milagres de Jesus são ainda relatados de diversas maneiras por esses evangelistas, testemunhas ou inspirados. O mesmo sucede com as suas aparições após sua ressurreição. Todas essas coisas não devem nos fazer duvidar da infalibilidade dos evangelistas e da realidade de suas inspirações divinas? O que diremos das falsas e inexistentes profecias aplicadas no Evangelho a Jesus? É assim que São Mateus afirma que Jeremias predisse, que *Cristo seria traído por trinta moedas de prata*, conquanto que essa profecia não se encontra no profeta. Nada é mais estranho do que a forma usada pelos doutores cristãos para sair dessas dificuldades. Suas soluções são arranjadas somente para contentar os homens, que fazem do permanecer na cegueira um dever[77]. Todo homem

---

[77] Theophylactus* disse que nada prova com mais segurança a boa-fé dos evangelistas do que a não concordância em todos os pontos, porque "sem isso, diz, podia-se suspeitar de que haviam escrito de acordo". Ver *Theophylactus Proemium in Mathaeum*. São Jerônimo disse que as citações de São Mateus não concordam com alguns pontos da versão grega da Bíblia. *Quanta sit inter Mathæum et Septuaginta verborum ordinisque discordia sic admiraberis, si Hebraicum videas, sensusque contrarius est***. Erasmo é forçado a convir que o espírito divino permitia que os apóstolos se extraviassem: *Spiritus ille divinus, mentium apostolicarum moderator, passus est suos ignorare quaedam et labi etc. In Mathaeum 2, cap. 6*. Em geral, é necessário ter uma fé bem robusta para que a leitura de São Jerônimo não seja suficiente para deturpar a Santa Escritura.
* Trata-se de Theophylactus de Ocrida (atual Ohrid, na Macedônia), arcebispo grego da Igreja Ortodoxa (c. 1050–1109), teólogo, linguista e comentador dos Evangelhos. (N. T.)
** JERÔNIMO. Epístola Ad Pammachium: de optimo genere interpretandi. Tradução de Maria Cristina Martins. *Revista Translatio*, Porto Alegre, n. 18, p. 118–147, jul. 2020. (N. T.)

racional sentirá que toda a indústria de sofismas jamais poderá conciliar contradições tão palpáveis, e os esforços dos intérpretes somente provarão a fraqueza de sua causa. Por meio de subterfúgios, sutilezas e mentiras pode-se servir à divindade?[78*]

Encontramos as mesmas contradições, os mesmos erros nas pomposas bobagens atribuídas a São Paulo. Esse homem, cheio do espírito de Deus, apresenta em seus discursos e em suas epístolas apenas o entusiasmo de um furioso[79*]. Os comentários mais rebuscados não são suficientes para alcançar o entendimento ou para conciliar as contradições, os enigmas, as noções desconexas que preenchem todas as suas obras nem as incertezas de sua conduta, algumas vezes favoráveis, outras vezes opostas ao judaísmo[80]. Não poderíamos tirar mais nenhum esclarecimento das outras obras atribuídas aos apóstolos. Parece que esses personagens, inspirados pela divindade, vieram ao mundo para impedir que seus discípulos nada compreendessem da doutrina que eles queriam ensinar.

Enfim, a coletânea que compõe o Novo Testamento termina pelo livro místico conhecido pelo nome de *Apocalipse de São João*, obra ininteligível, cujo autor quis reforçar todas as ideias lúgubres e funestas contidas na Bíblia. Nele, o autor mostra ao gênero humano aflito a perspectiva de um mundo prestes a perecer; enche a imaginação dos cristãos de ideias horríveis, capazes

---

[78] * Sobre a construção dos quatro Evangelhos aceitos, as alterações e as inconstâncias que podem ser encontradas neles, cf. EHRMAN, B. D. *Jesus before the Gospels*. San Francisco: Harper One, 2017. Cf. EHRMAN, B. D. *Jesus, interrupted*: revealing the hidden contradictions in the Bible. San Francisco: Harper One, 2010. Cf. METZGER, B. M.; EHRMAN, B. D. *The text of the New Testament*: its transmission, corruption, and restoration. 4. ed. New York. Oxford University Press, 2005. Cf. GAMBLE, HARRY. *The New Testament canon*: its making and meaning. Filadélfia: Fortress, 1985. (N. T.).

[79] * ONFRAY, M. *Tratado de ateologia*. Tradução de Monica Stahel. 2. ed. São Paulo: Martins Fontes, 2014. p. 99–118. Cf. LUDEMANN; BORING, 1989. (N. T.).

[80] O próprio São Paulo nos diz que foi arrebatado ao terceiro céu. Como? Por quê? E o que quis dizer com isso? *Coisas inexplicáveis e incompreensíveis para o homem*. Para que serviria sua viagem maravilhosa? Mas, como confiar que São Paulo diz a verdade, quando nos Atos dos Apóstolos incrimina-se, mentindo na presença do grande sacerdote, afirmando que está sendo perseguido *porque é fariseu e por causa da ressurreição dos mortos*? Há duas falsidades aqui: a primeira, porque São Paulo nesse tempo era o apóstolo mais zeloso do cristianismo e, por consequência, cristão. Segundo, porque não se tratava da ressurreição nas queixas que o acusavam. Ver *Atos dos Apóstolos*, cap. 23, vers. 6. Se os apóstolos mentem, como se render a seus discursos? Além disso, vemos esse grande apóstolo mudar a cada instante de opinião e de conduta. No concílio de Jerusalém, ele resiste firmemente a São Pedro, cuja opinião favorecia ao judaísmo, ao passo que, depois disso, por si mesmo, conforma-se com os ritos dos judeus*. Enfim, ele se presta continuamente às circunstâncias, faz tudo a todos. Parece que ele deu o exemplo aos jesuítas quanto à conduta da qual são acusados de adotar na Índia em relação aos idólatras, cujo culto conciliavam com o de Jesus Cristo.

* Cf. EHRMAN, B. D. *Pedro, Paulo e Maria Madalena*. Tradução de Celina Falck-Cook. Rio de Janeiro: Record, 2008b. Cf. LUDEMANN; BORING, 1989. Outra reflexão interessante sobre a participação de Paulo na fundação do cristianismo encontra-se em: BADIOU, A. Saint Paul. La fondation de l'universalisme. Paris: PUF, 1997. (N. T.).

de fazê-los tremer, desgostá-los de uma vida perecível, torná-los inúteis ou prejudiciais à sociedade. É assim que o fanatismo termina dignamente uma compilação, reverenciada pelos cristãos, porém ridícula e desprezável para um homem sensato; indigna de um Deus pleno de sabedoria e de bondade; detestável para quem considera os males que fez à Terra.

Por fim, tendo os cristãos tomado por regra de sua conduta e suas opiniões um livro como a Bíblia, quer dizer, uma obra cheia de fábulas assustadoras, de ideias horríveis da divindade, de contradições impressionantes, os cristãos jamais puderam saber o que esperar ou concordar sobre o modo de entender a vontade de um Deus inconstante e caprichoso, jamais souberam precisamente o que esse Deus exigia deles. Assim, esse livro obscuro foi um pomo de discórdia, uma fonte inesgotável de disputas, um arsenal com o que os partidos mais antagônicos se guarneciam de armas igualmente. Os geômetras não disputam sobre os princípios fundamentais de sua ciência. Por que fatalidade, o livro revelado dos cristãos, que contém os fundamentos de sua religião divina, de onde depende sua felicidade eterna, é ininteligível e sujeito às disputas que muitas vezes ensanguentaram a Terra? A julgar pelos efeitos, tal livro não deveria ser considerado como obra de um gênio maléfico, de um espírito de mentiras e de trevas, ao invés de um Deus interessado na conservação e na felicidade dos homens e que deseja esclarecê-los?

CAPÍTULO XI

DA MORAL CRISTÃ

Se tivéssemos que nos reportar aos doutores dos cristãos, pareceria que antes da vinda do fundador de sua seita não houve moral verdadeira sobre a Terra; eles nos retratam o mundo inteiro como mergulhado nas trevas e no crime. Entretanto, a moral sempre foi necessária aos homens; uma sociedade sem moral não pode subsistir. Vemos, antes de Jesus Cristo, nações florescentes, filósofos esclarecidos, que, sem cessar, chamavam os homens a seus deveres. Em suma, encontramos em Sócrates, em Confúcio, nos gimnosofistas[81]* indianos, máximas que em nada cedem às do Messias cristão. Encontramos no paganismo exemplos de equidade, de humanidade, de patriotismo, de temperança, de abnegação, de paciência, de doçura que desmentem completamente as pretensões do cristianismo e provam que antes de seu fundador já existiam virtudes muito mais reais do que aquelas que ele veio nos ensinar.

Os homens necessitavam de uma revelação sobrenatural para aprender que a justiça é necessária para manter a sociedade e que aproximaria inimigos dispostos a se prejudicar? Era necessário que um Deus falasse para mostrar que os seres reunidos precisam se amar e se socorrer mutuamente? Era necessário a ajuda do alto para descobrir que a vingança é um mal, um ultraje às leis de seu país, que, quando são justas, encarregam-se de vingar os cidadãos? O perdão das injúrias não é uma sequência desse princípio, e o ódio não se eterniza, quando se quer exercer uma vingança implacável? Perdoar seus inimigos não é efeito da grandeza da alma, que nos dá vantagem sobre aquele que nos ofende? Fazer o bem aos nossos inimigos não nos dá superioridade sobre eles? Essa conduta não é própria para fazermos amigos? Todo homem que queira se conservar não sente que os vícios, a intemperança e a volúpia põem sua vida em perigo? Por fim, a experiência não provou a todo ente racional que o crime é a causa do ódio a seus semelhantes, que o vício é nocivo àqueles que estão infectados por

---

[81] * Corrente filosófica indiana que pregava um ascetismo extremo, os gregos chamavam-nos de "filósofos nus". Sobre as filosofias da Índia, cf. ZIMMER, H. *Filosofias da Índia*. Tradução de Nilton Almeida Silva e Claudia Geovani Bozza. São Paulo: Palas Athena, 1986. (N. T.).

ele, que a virtude atrai a estima e o amor àqueles que a cultivam? Por pouco que os homens refletissem sobre aquilo que são, sobre seus verdadeiros interesses e o objetivo da sociedade, sentiriam o que devem uns aos outros. As boas leis forçá-los-ão a ser bons, e não será necessário esperar que se façam descer do céu as regras necessárias para a sua conservação e para a sua felicidade. A razão é suficiente para nos ensinar o que devemos para com os seres de nossa espécie. Que auxílio ela pode tirar da religião, que, sem cessar, a contradiz e a desagrada?

Eles nos dirão, sem dúvida, que a religião, longe de contradizer a moral, serve de apoio e torna suas obrigações mais sagradas, dando-lhe a sanção da divindade. Eu respondo que a religião cristã, longe de apoiar a moral, torna-a instável e incerta. É impossível fundá-la solidamente sobre a vontade positiva de um Deus inconstante, parcial, caprichoso, que, com a mesma boca, ordena a justiça e a injustiça, a concórdia e a carnificina, a tolerância e a perseguição. Digo que é impossível seguir os preceitos de uma moral racional sob o império de uma religião que faz do zelo, do entusiasmo e do fanatismo mais destruidor, um mérito. Digo que uma religião que nos ordena a imitar um déspota, que se regozija em preparar armadilhas aos seus súditos, que é implacável em suas vinganças, que quer exterminar a todos aqueles que têm a infelicidade de o desagradar é incompatível com toda moral. Os crimes pelos quais o cristianismo, muito mais do que todas as outras religiões, contaminou-se tiveram por pretexto agradar ao Deus feroz que recebeu dos judeus. O caráter moral desse Deus deve necessariamente regular a conduta daqueles que o adoram[82]. Se esse Deus é mutável, seus adoradores também o serão, e sua moral arbitrária acompanhará seu temperamento.

Isso pode nos mostrar a origem da incerteza em que se encontram os cristãos, quando se trata de examinar se é mais adequado ao espírito de sua religião *tolerar ou perseguir* os que diferem de suas opiniões. As duas partes encontram igualmente na Bíblia ordens precisas da divindade, as quais autorizam uma conduta tão oposta. Às vezes, *Jeová* declara que odeia os povos idólatras, os quais devem ser exterminados; por vezes,

---

[82] O bom rei Saint Louis* dizia ao seu amigo Joinville* que, quando um "leigo ouvisse difamar a religião cristã, ele devia defendê-la não somente com palavras, mas com o *fio da espada*, atingindo com ela o corpo dos maldizentes e dos incrédulos". Ver *Joinville, publicado por Ducange, p. 2*.

* Trata-se de Louis IX (1214–1270), rei francês e santo católico, Jean de Joinville (1224–1317) foi um nobre da região de Champagne e biógrafo do rei Saint Louis. A obra aqui referenciada por Holbach é *Mémoires de Jean, sire de Joinville, ou Histoire et chronique du très-chrétien roi saint Louis*. Publicado em 1668 por Charles du Fresne, sieur Du Cange. (N. T.).

Moisés defende que se *amaldiçoe os deuses das nações*; às vezes, o Filho de Deus defende a perseguição, após ter dito que era necessário obrigar aos homens *a entrarem em seu reino*. No entanto, a ideia de um Deus severo e cruel, que deixa impressões muito mais fortes no espírito do que a de um Deus afável, fez com que os verdadeiros cristãos quase sempre acreditassem serem forçados a mostrar zelo contra aqueles que supunham inimigos de seu Deus. Imaginaram que ele podia se ofender por colocarem demasiado ímpeto em sua causa; quaisquer que fossem suas ordens, aliás, quase sempre acharam mais seguro perseguir, atormentar e exterminar aqueles que eles viam como objetos da ira celestial. A tolerância somente era admitida aos cristãos covardes e pouco zelosos, de temperamento pouco análogo ao Deus que serviam.

Um verdadeiro cristão não deveria sentir a necessidade de ser feroz e sanguinário, quando lhe propõem como exemplo os santos e os heróis do Antigo Testamento? Não encontra motivos para ser cruel na conduta de Moisés, esse legislador que fez correr por duas vezes o sangue dos israelitas e que fez imolar a seu Deus mais de 40 mil vítimas? Não encontra na pérfida crueldade de *Fineias*, de *Jael*, de *Judite*[83]* com o que justificar a sua? Não vê em Davi, esse modelo acabado de rei, um monstro da barbárie, de infâmias, de adultérios e de revoltas, que não o impede de ser um homem segundo o coração de Deus? Em resumo, tudo na Bíblia parece anunciar ao cristão que manifestar um zelo furioso pode agradar à divindade e que esse zelo é suficiente para encobrir todos os crimes de seus olhos.

Não devemos nos surpreender com os cristãos perseguindo, sem descanso, uns aos outros. Se foram tolerantes, foi somente quando eles mesmos eram perseguidos, ou muito fracos para perseguirem os outros, pois assim que tiveram poder, fizeram-no sentir àqueles que não apresentavam as mesmas opiniões religiosas que eles. Depois da fundação do cristianismo, observamos diferentes seitas lutando; vemos os cristãos se odiarem, dividirem-se, prejudicarem-se e se tratarem reciprocamente com a maior crueldade. Vemos os soberanos, imitadores de Davi, prestarem-se ao furor de seus sacerdotes em discórdia e servirem à divindade a ferro e fogo. Observamos os próprios reis tornarem-se vítimas de um fanatismo religioso que não respeita nada quando acredita obedecer a seu Deus.

Em suma, a religião que se vangloria de trazer a paz e a concórdia durante 18 séculos causou mais estragos, fez derramar mais sangue que

---

[83] * Cf. Nm 25:6–7,11; Js 22:13–34; Jz 5:24–26; Jt 13: 6–9. (N. T.).

todas as superstições do paganismo. Levantou uma muralha que dividiu os cidadãos dos mesmos Estados; a união e a ternura foram banidas das famílias; assumindo por dever ser injusta e desumana. Sob um Deus tão iníquo que se ofende com os erros dos homens, todos assim também o foram. Sob um Deus ciumento e vingativo, todos acreditaram ser obrigados a entrar em suas disputas e vingar suas injúrias. Enfim, sob um Deus sanguinário, fez-se por mérito derramar o sangue humano.

Tais são os importantes serviços que a religião prestou à moral. Não nos venham dizer que foi por causa de um abuso vergonhoso dessa religião que esses horrores aconteceram. O espírito de perseguição e de intolerância fazem parte dessa religião que se acredita emanada de um Deus ciumento de seu poder, que ordenou formalmente o assassinato, cujos amigos eram perseguidores desumanos, que, por excesso de sua cólera, não pouparam seu próprio Filho. Quando se serve a um Deus com esse caráter terrível, há muito mais segurança de agradá-lo exterminando seus inimigos do que os deixando em paz para ofender seu criador. Uma divindade assim deve servir de pretexto para os excessos mais horríveis. O zelo de sua glória será um véu que cobrirá as paixões de todos os impostores ou fanáticos, os quais pretenderão ser os intérpretes da vontade do céu. Um soberano acreditará em poder se entregar aos maiores crimes, quando crer lavá-los com o sangue dos inimigos de seu Deus.

Por uma consequência natural dos próprios princípios, uma religião intolerante somente pode estar condicionalmente submissa à autoridade dos soberanos temporais. Um judeu e um cristão somente podem obedecer aos chefes da sociedade, quando suas ordens estiverem em conformidade com as vontades arbitrárias e, frequentemente, insensatas desse Deus. Mas quem decidirá se as ordens dos soberanos, mais vantajosas à sociedade, estarão em conformidade com a vontade desse Deus? Serão, sem dúvida, os ministros da divindade, os intérpretes de seus oráculos, os confidentes de seus segredos. Assim, em um Estado cristão, os súditos devem ser mais submissos aos sacerdotes que aos soberanos[84]. Muito mais, se esses soberanos ofendem o Senhor, se negligenciam seu culto, se recusam a admitir seus dogmas, se não se submetem aos seus sacerdotes, devem perder o direito

---

[84] Não há cristão que não seja ensinado desde a infância que *é melhor obedecer a Deus que aos homens*. Porém, obedecer a Deus não é mais que obedecer aos sacerdotes. Deus não fala mais por si mesmo, é a Igreja que fala por ele; ela é um corpo de sacerdotes que constantemente encontra na Bíblia justificativas de que os soberanos estão errados, que suas leis são criminosas, que os estabelecimentos mais sensatos são ímpios, que a tolerância é um crime.

de governar um povo cuja religião expõem ao perigo. Que digo eu? Se a vida de tal soberano é um obstáculo à salvação de seus súditos, ao reino de Deus, à prosperidade da Igreja, ele deve ser extirpado dentre os vivos logo que os sacerdotes ordenarem. Uma infinidade de exemplos prova-nos que os cristãos repetidamente seguiram essas máximas detestáveis; centenas de vezes o fanatismo pôs as armas nas mãos dos súditos contra seu legítimo soberano, levando turbulência para a sociedade. Sob o cristianismo, os sacerdotes sempre foram os árbitros da sorte dos reis. Pouco importou a esses sacerdotes que tudo fosse perturbado sobre a Terra, desde que a religião fosse respeitada. Os povos se rebelaram aos seus soberanos todas as vezes que foram persuadidos de que esses eram rebeldes a seu Deus. A sedição, o regicídio são fatos que parecem legítimos aos cristãos zelosos, que devem obedecer a Deus ao invés dos homens, e que não podem, sem arriscar sua salvação eterna, oscilar entre o Monarca Eterno e os reis da terra.[85]

De acordo com essas máximas funestas que decorrem dos princípios do cristianismo, não devemos nos admirar se, desde seu estabelecimento na Europa, vemos, repetidamente, povos revoltados, soberanos vergonhosamente humilhados sob a autoridade sacerdotal, monarcas depostos por sacerdotes, fanáticos armados contra o poder temporal, enfim, príncipes decapitados. Os sacerdotes cristãos não encontram no Antigo Testamento seus discursos sediciosos autorizados pelo exemplo? Os rebeldes contra os reis não foram justificados pelo exemplo de Davi? As usurpações, as violências, as perfídias, as violações mais evidentes dos direitos da natureza e das gentes não foram legitimadas pelo exemplo do povo de Deus e de seus chefes?

Aqui está o apoio que uma religião dá à moral, cujo princípio fundamental é admitir o Deus dos judeus, quer dizer, um tirano, cujas vontades fantasistas aniquilam a cada instante as regras necessárias à conservação das sociedades. Esse Deus cria o justo e o injusto; sua vontade suprema muda o mal em bem, o crime em virtude; seu capricho inverte as leis que

---

[85] Os inimigos dos jesuítas aproveitaram-se, a partir daquilo que imaginavam, que o assassinato de um tirano era uma ação louvável e legítima. Um pouco de reflexão é o suficiente para nos fazer sentir que se Aod* fez a coisa certa, Jacques Clément não era criminoso, e Ravaillac** não fez mais que seguir as luzes de sua consciência. São Tomás de Aquino predicou formalmente o regicídio. Ver, *Os golpes do Estado, tomo II, p. 33****. Os príncipes cristãos deveriam tremer se refletissem as consequências dos princípios de sua religião.
* Cf. Jz cap. 3 e 4. (N. T.).
** Jacques Clément (1567-1589) foi um monge dominicano responsável pela morte do rei Henrique da França. François Ravaillac (1577-1610), fanático religioso, foi acusado de assassinar o rei Henrique IV da França. Uma obra que retrata o regicídio realizado por ambos é *Les régicides*, de Pierre Chevallier. (N. T.).
*** Sobre a política em Tomás de Aquino, cf. TOMÁS DE AQUINO. *Escritos políticos de Santo Tomás de Aquino*. Tradução de Benjamin de Souza Neto. Petrópolis: Vozes, 1995. Cf. também: *Suma teológica II*. (N. T.).

ele mesmo deu à natureza. Ele destrói, quando lhe agrada, as relações que subsistem entre os homens, dispensa a si mesmo de todo dever para com as criaturas, parece as autorizar a não mais seguir certas leis, senão aquelas que ele lhes prescreva, em diferentes circunstâncias, por meio de seus intérpretes e inspirados. Esses, quando são senhores, somente pregam a submissão; quando se supõem lesados, somente pregam a revolta. São demasiadamente débeis? Se pregam a tolerância, a paciência, a doçura, são mais fortes? Eles pregam a perseguição, a vingança, a rapina, a crueldade. Encontram continuamente em seus Livros Sagrados o suficiente para autorizar as máximas contraditórias que proferem; encontraram nos oráculos de um Deus pouco moral e inconstante ordens diretamente opostas umas às outras. Fundar a moral sobre semelhante Deus, ou em livros que contêm, ao mesmo tempo, leis contraditórias, é fundá-la em uma base incerta sob o capricho daqueles que falam em nome de Deus e no temperamento de cada um de seus adoradores.

A moral deve ser fundada sob regras invariáveis; um Deus que as destrói, destrói sua própria obra. Se esse Deus é o autor do homem, se quer a felicidade de suas criaturas, se se interessa pela conservação da nossa espécie, deveria querer que o homem fosse justo, humano, benéfico; jamais poderia querer que fosse injusto, fanático e cruel.

O que acabou de ser dito pode nos fazer conhecer aquilo que devemos pensar desses doutores, os quais afirmam que sem a religião cristã nenhum homem pode ser nem moral nem virtuoso. A proposição contrária seria certamente mais verdadeira, poder-se-ia adicionar ainda que todo cristão que se propõe a imitar seu Deus e a pôr em prática as ordens comumente injustas e destrutivas emanadas de sua boca deve ser necessariamente um malvado. Se nos disserem que essas ordens nem sempre são injustas e que muitas vezes os Livros Sagrados exalam bondade, união e equidade, eu direi que o cristão deve ter uma moral inconstante; que será tanto boa quanto má, de acordo com os seus interesses e as suas disposições particulares. Daí, vemos que o cristão, de acordo com as suas ideias religiosas, não pode ter uma verdadeira moral ou deve flutuar sem cessar entre o crime e a virtude.

Por outra parte, não é perigoso unir a moral com a religião? Em lugar de sustentar os princípios morais, não é lhe dar um fraco e ruinoso apoio querer fundá-la sobre a religião? De fato, a religião não apoia o exame, e todo homem que tenha descoberto a debilidade ou a falsidade das provas sobre as quais a religião se estabelece e sobre as quais eles dizem que a moral está fundamentada será tentado a acreditar que essa moral é uma quimera, assim como a religião que lhe serve de base. É assim que, após ter sacudido o jugo da religião, vemos homens perversos entregarem-se à libertinagem, à intemperança, ao crime. Ao saírem da escravidão da superstição, caem em uma completa anarquia e acreditam que tudo está permitido, porque descobriram que a religião não é mais que uma fábula. É assim que, infelizmente, as palavras incrédulo e libertino tornaram-se sinônimas. Não cairíamos nessas inconveniências se, no lugar de uma moral teológica, fosse ensinada uma moral natural. No lugar de proibir a devassidão, os crimes e os vícios, porque Deus e a religião proíbem essas faltas, dever-se-ia dizer que todo excesso prejudicial à conservação do homem torna-o desprezível aos olhos da sociedade, é proibido pela razão, que quer que o homem se conserve; é proibido pela natureza, que quer que ele trabalhe para sua felicidade duradoura. Em suma, qualquer que seja a vontade de Deus, independentemente das recompensas e castigos que a religião anuncia para a outra vida, é fácil provar a todo homem que seu interesse neste mundo é poupar sua saúde, respeitar os costumes, ganhar a estima de seus semelhantes, enfim, ser casto, temperante, virtuoso. Aqueles a quem suas paixões os impedirem de escutar esses princípios tão claros fundados na razão não serão mais dóceis à voz de uma religião, na qual deixarão de acreditar assim que ela se opor às suas desajustadas inclinações.

    Cessem, portanto, de se gabar das supostas vantagens que a religião cristã oferece à moral. Os princípios que ela tira de seus Livros Sagrados tendem a destruir a moral; sua aliança com ela somente serve para debilitá-la. Além disso, a experiência mostra-nos que as nações cristãs constantemente apresentam costumes mais corrompidos do que aquelas a quem tratam de infiéis e de selvagens; pelo menos, as primeiras estão mais expostas ao fanatismo religioso, paixão própria para banir das sociedades a justiça e as virtudes sociais. Para cada mortal crédulo que a religião contém, leva milhares ao crime; para um homem que ela torna casto, faz cem fanáticos, cem perseguidores, cem intolerantes, que são muito mais prejudiciais à sociedade do que os libertinos mais atrevidos, os quais prejudicam apenas a si mesmos. Em suma, é certo que as nações mais cristãs da Europa não são aquelas nas quais a verdadeira moral é mais bem conhecida e mais bem observada. Na Espanha, em Portugal, na Itália, onde reside a seita[86]* mais supersticiosa do cristianismo, os povos vivem na mais vergonhosa ignorância

---

[86] * Ou seja, os católicos romanos.

de seus deveres; o roubo, o assassinato, a perseguição, a devassidão são elevadas à altura. Tudo está repleto de supersticiosos; há pouquíssimos homens virtuosos; e a própria religião, cúmplice do crime, dá asilo aos criminosos e lhes proporciona meios fáceis para se reconciliarem com a divindade. As orações, as práticas e cerimônias parecem dispensar os homens de mostrar suas virtudes. Em países que se orgulham de professar o cristianismo em toda sua pureza, a religião absorveu a atenção de seus sectários, fazendo-os ignorar inteiramente a moral, acreditando terem cumprido completamente seus deveres apenas mostrando um apego escrupuloso às minúcias religiosas, totalmente estranhos à felicidade da sociedade.

CAPÍTULO XII

DAS VIRTUDES CRISTÃS

O que acaba de ser dito mostra-nos o que devemos pensar da moral cristã. Se examinarmos com cuidado as virtudes que o cristianismo recomenda, encontraremos a marca do entusiasmo, veremos que são pouco conformes ao homem, retiram-no de sua esfera, são inúteis à sociedade, produzem constantemente perigosas consequências. Enfim, nos preceitos ou conselhos tão elogiados que Jesus Cristo veio nos dar, encontraremos apenas máximas exageradas, cuja prática é impossível; regras que, seguidas ao pé da letra, prejudicariam a sociedade. Daqueles preceitos que podem ser praticados, nada encontraremos que não fosse mais bem conhecido pelos sábios da Antiguidade sem o auxílio da revelação.

De acordo com o Messias, toda sua lei consiste em *amar a Deus sobre todas as coisas e ao próximo como a si mesmo*[87]*. É possível esse preceito? Amar um Deus colérico, caprichoso, injusto, amar o Deus dos judeus! Amar um Deus implacável, tão cruel, que amaldiçoa eternamente suas criaturas! Amar o objeto mais temível que o espírito humano foi capaz de gerar! Um objeto dessa espécie é feito para excitar no coração do homem um sentimento de amor? Como amar o que se teme? Como estimar um Deus, sob cuja vara se é forçado a tremer? Não é mentir a si mesmo, quando se tenta convencer de que se ama a um Ser tão terrível e revoltante?[88]

Amar o próximo como a si mesmo, é possível? Todo homem, por sua natureza, prefere antes amar a si mesmo que a todos os demais, ama-os somente em razão do que contribuem para a sua própria felicidade. Ele é virtuoso assim que faz o bem ao seu próximo; é generoso, quando sacrifica o amor que tem a si mesmo. Mas, nunca o ama senão pelas qualidades úteis que encontra neles, pois somente pode amar quando o conhece, e seu amor por ele é forçado a se regrar a partir das vantagens que dele recebe.

---

[87] * Cf. Mt 22: 37–39; Mc 12: 29–34. (N. T.).
[88] Sêneca diz, com razão, que um homem sensato não pode temer os deuses, porque ninguém pode amar o que teme. Deos nemo samus timet, furor enim est metuere salutaria, nec quisquam amat quos timet. De Beneficiis 4. A Bíblia nos diz: *Initium sapientiae, timor Domini**. Não seria antes o princípio da loucura?
* Cf. Sl 110:10. (N. T.).

Amar seus inimigos é, portanto, um preceito impossível. Podemos nos abster de fazer o mal àquele que nos prejudica, mas o amor é um movimento do coração, que nos excita somente quando vemos um objeto que julgamos nos ser favorável. As leis justas, entre os povos esclarecidos, sempre proibiram a vingança ou a justiça com as próprias mãos. Um sentimento de generosidade, a grandeza da alma e a coragem podem nos conduzir a fazer o bem a quem nos ofende; tornamo-nos, portanto, superiores a ele, e até mesmo podemos mudar a disposição de seu coração. Assim, sem recorrer a uma moral sobrenatural, sentimos que nosso interesse exige que sufoquemos em nossos corações a vingança. Que os cristãos cessem, portanto, de se gabar de que o perdão das injúrias é um preceito que um Deus único pode dar e que prova a divindade de sua moral. Pitágoras, muito tempo antes do Messias, havia dito: *que o modo de se vingar de seus inimigos é trabalhar para fazê-los amigos*; e Sócrates disse no Críton: *que não está permitido a um homem, que recebeu uma injúria, vingar-se com outra injúria.*

Jesus esqueceu, sem dúvida, de que falava aos homens, quando, para conduzi-los à perfeição, disse-lhes para abandonar suas posses à cobiça do primeiro que as quisesse tomar; dar a outra face para receber uma nova bofetada; não resistir à violência mais injusta; renunciar às riquezas perecedouras deste mundo, deixar a casa, os bens, os pais, os amigos para segui-lo; resistir aos prazeres, mesmo os mais inocentes. Quem não vê nesses conselhos sublimes a linguagem do entusiasmo e da hipérbole? Esses conselhos maravilhosos não são para desencorajar o homem e jogá-lo no desespero? A prática literal dessas coisas não seria destrutiva para a sociedade?

Que nos dirão dessa moral, a qual ordena o coração a se distanciar dos objetos que a razão lhe ordena amar? Recusar o bem-estar que a natureza nos apresenta não é desprezar os benefícios da divindade? Que bem efetivo pode resultar para a sociedade dessas virtudes ferozes e melancólicas que os cristãos olham como perfeições? Um homem torna-se útil à sociedade, quando seu espírito está perpetuamente perturbado por terrores imaginários, por ideias lúgubres, por sombrias inquietudes que o impedem de fazer o que deve a sua família, a seus próprios pais e àqueles que o rodeiam? Se é coerente a esses tristes princípios, não deverá se tornar tão insuportável para si mesmo como também para os demais?

Podemos dizer, em geral, que o fanatismo e o entusiasmo são a base da moral de Cristo; as virtudes que recomenda tendem a isolar os homens, a mergulhá-los em um humor sombrio e, amiúde, torná-los nocivos aos seus semelhantes. As virtudes humanas são necessárias aqui embaixo, pois o cristão jamais vê as suas, exceto aquelas que estão para além da verdade; a sociedade precisa de virtudes reais que a mantenham, que lhe deem energia, atividade. As famílias precisam de vigilância, afeto e trabalho. Todos os seres da espécie humana precisam desejar a procura de prazeres legítimos, aumentando, assim, a soma de sua felicidade. O cristianismo está perpetuamente ocupado, seja para degradar os homens com terrores que os oprimem, seja para excitá-los com esperanças frívolas, com sentimentos igualmente apropriados para desviá-los de seus verdadeiros deveres. Se o cristão segue literalmente os princípios de seu legislador, ele será sempre um membro inútil ou prejudicial à sociedade.[89]

Que vantagens, de fato, o gênero humano pode tirar dessas virtudes ideais que os cristãos chamam *evangélicas, divinas, teologais* e que preferem às virtudes sociais, humanas e reais, sem as quais, afirmam, não é possível agradar a Deus nem entrar em sua glória? Examinemos em detalhes essas virtudes exaltadas; vejamos quão uteis são à sociedade e se merecem, de fato, a preferência sobre aquelas que a razão nos inspira como necessárias ao bem-estar do gênero humano.

A primeira das virtudes cristãs, aquela que serve de base para todas as demais, é a *Fé*: ela consiste em uma convicção impossível dos dogmas revelados, fábulas absurdas que o cristianismo ordena a seus discípulos crerem. De onde se vê que essa virtude exige uma renúncia total do bom senso, um consentimento impossível a fatos improváveis, uma submissão cega à autoridade dos sacerdotes, únicas garantias da verdade dos dogmas e das maravilhas nas quais todo cristão deve crer, sob pena de ser condenado.

Essa virtude, ainda que necessária a todos os homens, é, portanto, um dom do céu e o efeito de uma graça especial; ela proíbe a dúvida e o exame; priva o homem da faculdade de exercer sua razão; veda-lhe a liberdade de pensar; o reduz ao embrutecimento das bestas, em matérias que, não obstante, eles se persuadem de serem as mais importantes para a sua felicidade eterna.

---

[89] Apesar dos elogios que os cristãos fazem aos preceitos de seu divino mestre, encontramos alguns que são totalmente contrários à equidade e à correta razão. De fato, quando Jesus diz: *Fazeis amigos no céu com as riquezas injustamente adquiridas*, não insinua visivelmente que faremos bem em roubar para dar esmola aos pobres? Os intérpretes dir-nos-ão, sem dúvida, que fala em parábolas; porém, é fácil compreender o significado. De resto, os cristãos põem em prática, muitas vezes, o conselho de seu Deus; muitos dentre eles roubam durante toda a sua vida por terem o prazer de, ao morrer, fazerem doações para os monastérios e hospitais. O Messias, em outro lugar*, trata muito mal sua mãe, que o procurava. Ele ordena a seus discípulos que agarrem um burro. Afoga uma vara de porcos etc. Em verdade, essas coisas não estão de acordo com uma boa moral.
* Cf. Mt 12:46-50; Mc 3:31-35. (N. T.).

Daqui se vê que a fé é uma virtude inventada por homens que temeram as luzes da razão, que quiseram enganar seus semelhantes para submetê-los a sua própria autoridade e que procuraram degradá-los, a fim de exercer sobre eles seu império[90]. Se a fé é uma virtude, ela é certamente útil apenas para os guias espirituais dos cristãos, os únicos a colherem seus frutos. Essa virtude para o resto dos homens só pode ser funesta, pois lhes ensina a desprezar a razão, única guia que os distingue das bestas e que pode guiá-los com segurança neste mundo. De fato, o cristianismo apresenta-nos essa razão como perversa, como um guia infiel, admitindo, pelo visto, que não foi criada para seres racionais.

No entanto, não se pode perguntar aos doutores cristãos até onde deve ir essa renúncia à razão? Eles mesmos, em certos casos, não recorrem a ela? Não é à razão que apelam, quando se trata de provar a existência de Deus? Se a razão é perversa, como alguém se relaciona com ela em matéria tão importante como a existência de Deus?

Seja como for, dizer que se crê no que não se concebe é evidentemente mentir; crer sem dar-se conta do que se crê; é um absurdo. É, pois, necessário ponderar os motivos de sua crença. Mas, quais são os motivos dos cristãos? É a confiança nos guias que os instruem. Porém, sobre o quê essa confiança é fundada? Sobre a revelação. Todavia, em quê essa revelação se fundamenta? Na autoridade dos guias espirituais. Essa é a maneira de raciocinar dos cristãos. Seus argumentos em favor da fé reduzem-se a dizer: *para crer na religião, é preciso ter fé, para ter fé, é preciso crer na religião,* ou seja, é preciso estar imbuído de fé para crer na necessidade da própria fé.[91]

A fé desaparece assim que raciocinamos, pois essa virtude jamais apoia um exame pormenorizado; é isso que torna os sacerdotes do cristianismo tão inimigos das ciências. O próprio fundador da religião declarou que sua lei era feita somente para os tontos e para as crianças. A fé é o efeito de uma graça que Deus dificilmente concede às pessoas esclarecidas e acostumadas

---

[90] São Paulo disse: *Fides ex auditu*, significando que se deve crer baseado em *ouvi dizer*. A fé não é mais do que a adesão às opiniões dos sacerdotes: a fé viva é uma teimosia piedosa, que não nos deixa sequer imaginar que esses sacerdotes enganam a si mesmos, nem que querem enganar os outros. A fé só pode ser fundada na boa opinião que temos dos esclarecimentos dos sacerdotes.

[91] Muitos teólogos sustentaram que a fé sem obras bastava para se salvar. Em geral, essa é a virtude que os sacerdotes mais valorizam. Ela é, sem dúvida, a mais necessária para a sua existência: não é surpreendente, portanto, que tenham procurado estabelecê-la a ferro e fogo. É para manter a fé que a inquisição queima os hereges e os judeus; é para restabelecer a fé que os reis e os sacerdotes perseguem; certamente é para convencer aqueles que não têm fé que os cristãos os exterminam. Ó virtude maravilhosa e digna de um Deus de bondade! Seus ministros punem os homens, enquanto lhes recusa suas graças.

a consultar o bom senso, é feita somente para os homens que são incapazes de reflexão ou para as almas embriagadas de entusiasmo, ou para seres inelutavelmente apegados aos preconceitos da infância. A ciência foi e sempre será objeto de ódio dos doutores cristãos; e seriam também inimigos de si mesmos, se amassem os sábios.

Uma segunda virtude cristã, que decorre da primeira, é a *Esperança*, fundada nas lisonjeiras promessas que o cristianismo faz àqueles que se tornam infelizes nesta vida. Ela nutre seu entusiasmo; ela os faz perder de vista a felicidade presente; ela os torna inúteis para a sociedade; faz com que eles acreditem firmemente que Deus recompensará no céu sua inutilidade, seu humor sombrio, seu ódio aos prazeres, suas mortificações insensatas, suas orações, sua ociosidade. Como poderia ser possível que um homem, excitado por essas pomposas esperanças, se ocupasse com a felicidade atual daqueles que estão ao seu redor, enquanto é indiferente a sua própria? Não sabe que, fazendo-se miserável neste mundo, pode esperar agradar a seu Deus? De fato, por mais lisonjeiras que sejam as ideias que o cristão faça do porvir, sua religião as envenena pelos terrores de um Deus ciumento que punirá sua presunção e que o amaldiçoará impiedosamente, caso tenha a debilidade de ser homem em um só instante de sua vida.

A terceira virtude cristã é a *Caridade*; ela consiste em amar a Deus e ao próximo. Já vimos o quanto é difícil, para não dizer impossível, experimentar o sentimento de ternura por qualquer Ser temido. Dirão, sem dúvida, que o temor dos cristãos é um *temor filial*; porém, as palavras em nada mudam a essência das coisas; o temor é uma paixão totalmente oposta ao amor. Um filho que teme seu pai, em vez de desafiar a sua cólera, receia seus caprichos e jamais o amará sinceramente. O amor de um cristão por seu Deus não poderá, portanto, ser verdadeiro: é em vão que desejará se excitar com a ternura de um mestre rigoroso que assusta seu coração. Ele nunca o amará senão como a um tirano, a quem a boca presta homenagens que o coração recusa. O devoto não tem boa fé consigo mesmo quando diz estimar seu Deus; sua ternura é uma homenagem dissimulada, semelhante à que se crê obrigado a render àqueles déspotas desumanos que, mesmo fazendo desgraçados a seus súditos, exigem sinais exteriores de seu apego. Se algumas ternas almas, à força de ilusões, chegam a se excitar com o amor divino, é, então, por uma paixão mística e romanesca, produzida por um temperamento acalorado e por uma imaginação ardente, que faz com que elas contemplem seu Deus apenas pelo lado mais risível e que fechem os olhos para seus verdadeiros defeitos[92]. O amor de Deus não é o mistério menos inconcebível de nossa religião.

A *Caridade*, considerada como o amor de nossos semelhantes, é uma disposição virtuosa e necessária. Ela nada mais é, então, do que essa terna humanidade que nos interessa nos seres de nossa espécie, que nos dispõe a socorrê-los e a nos ligar a eles. Mas, como é possível conciliar esse apego pelas criaturas com as ordens de um Deus ciumento, que quer ser amado com exclusividade, que veio separar o filho de seu pai e o amigo de seu amigo? Segundo as máximas do Evangelho, seria um crime oferecer a seu Deus um coração partilhado com algum outro objeto terrestre; seria uma idolatria colocar a criatura em concorrência com o criador. Além do mais, como amar seres que ofendem continuamente a divindade, ou que são para nós uma ocasião contínua de ofensas a ela? Como amar os pecadores? Assim, a experiência nos mostra também que os devotos, obrigados por princípios a odiar a si mesmos, têm pouquíssima disposição para tratar melhor os outros, tornar-lhes a vida mais fácil, mostrar-lhes indulgências. Aqueles que a usam dessa forma não chegaram à perfeição do amor divino. Em suma, vemos que aqueles que afirmam amar o criador ardentemente não são aqueles que mostram mais afeição as suas franzinas criaturas; ao contrário, nós os vemos comumente derramando amarguras sobre todos aqueles que os rodeiam, apanhando com amargura os defeitos de seus semelhantes, tornando crime mostrar indulgência para com a fragilidade humana.[93]

Com efeito, o amor sincero à divindade deve estar acompanhado de zelo; um verdadeiro cristão deve se irritar quando vê que ofendem seu Deus; deve se armar com uma justa e santa crueldade para reprimir os culpados; ele deve ter um desejo ardente para fazer reinar a religião. Esse

---

[92] É um temperamento ardente e afetuoso aquele produzido pela devoção mística. As mulheres histéricas são comumente aquelas que amam a Deus com mais vivacidade; elas o amam exaltadamente como amariam a um homem. Santa Teresa, a Maddalena de Pazzi, Marie Alacoque* e quase todas as religiosas mais devotas acham-se nessa situação. Sua imaginação se extravia, e dão a seu Deus, pintada sob traços encantadores, a ternura que não se permite dar a seres de nossa espécie. É necessária muita imaginação para se apaixonar por um objeto desconhecido. É necessário muito mais para amar a um objeto que nada tem de amável; é loucura amar um objeto odioso.
* Santa Teresa, Teresa Sánchez de Cepeda y Ahumada (1515-1582), nasceu em Ávila, reino de Castela. Maria Maddalena de Pazzi (1566-1607) nasceu em Florença. Ambas pertenceram à ordem das carmelitas, congregação religiosa católica. Marguerite-Marie Alacoque (1647-1690) nasceu em L'Hautecour, região da Borgonha, na França, foi uma religiosa da ordem da visitação, também uma congregação religiosa católica. (N. T.).

[93] Nos países mais cristãos, os devotos são ordinariamente vistos como as pragas das sociedades; a boa companhia os teme como inimigos da alegria, como irritantes. Uma mulher devota raramente possui o talento para conciliar essa devoção com o amor de seu marido, de seus filhos e de sua gente. Uma religião lúgubre e melancólica não pode ter sectários amáveis. Sob um Deus triste, faz-se necessário ser triste como ele. Os doutores cristãos observaram corretamente que *Jesus Cristo chorou, mas jamais riu*.

é o zelo derivado do amor divino, a origem das perseguições e dos furores, das quais o cristianismo por tantas vezes se tornou culpado; é esse zelo que faz algozes e também mártires. É esse zelo que faz com que o intolerante arranque o raio das mãos do Altíssimo, com o pretexto de vingar suas injúrias. É esse zelo que faz com que os membros de uma mesma família, que os cidadãos de um mesmo Estado se detestem, atormentando-se por opiniões e, muitas vezes, por cerimônias pueris que o zelo faz olhar como coisas da maior importância. É esse zelo que por mil vezes inflamou na nossa Europa aquelas guerras religiosas tão notáveis pelas suas atrocidades. Enfim, é esse zelo pela religião que justificou a calúnia, a traição, a carnificina e, com efeito, as desordens mais funestas às sociedades. Sempre foi permitido empregar a astúcia, o engano e a mentira assim que se tratou de sustentar a causa de Deus[94]. Os homens mais biliosos, mais coléricos e mais corrompidos são comumente os mais zelosos; eles esperam que, em favor de seu zelo, o céu os perdoará pela depravação de seus costumes e todas as outras irregularidades.

Por efeito desse mesmo zelo, vemos os cristãos entusiastas percorrerem as terras e os mares para estender o império de seu Deus, para fazer prosélitos e para adquirir novos súditos. É assim que, por zelo, os missionários acreditaram ser obrigados a perturbar o repouso dos Estados que consideram infiéis, ao passo que achariam muito estranho se viessem ao seu próprio Estado missionários para lhes anunciar uma outra lei[95]. Quando esses propagadores da fé tiveram a força nas mãos, excitaram em suas conquistas as revoltas mais horríveis, ou ainda exerceram sobre os povos submissos

---

[94] O concílio ecumênico de Constança* fez queimar Jean Hus e Jérome de Praga**, apesar do salvo-conduto do Imperador. Vários cristãos ensinaram que não se deve manter a fé nos hereges. Os Papas ministraram por centenas de vezes sermões e promessas aos heterodoxos. A história das guerras de religiões entre os cristãos mostra-nos as traições, as crueldades, as perfídias, cujos exemplos não temos em outras guerras. Tudo é justificado quando é por Deus que se combate. Vemos nessas guerras apenas crianças esmagadas contra as muralhas, mulheres grávidas estripadas, filhas violentadas e massacradas. Enfim, o zelo religioso sempre tornou os homens engenhosos em suas barbáries.
* Cf. ALBERIGO, G. (org.). *Historia de los concilios ecuménicos*. Salamanca: Ediciones Sígueme, 1993. p. 185–201. (N. T.).
** Johannes Hus (1369-1451) foi reitor da Universidade de Praga. Cf. FRIEDENTHAL, R. *Jan Hus Hérétique et Rebelle*. Paris: Calmann Levy, 1977. Jérome de Praga (c. 1370-1416) nasceu na cidade de Praga, República Tcheca (atual). Ambos reformadores da Igreja. (N. T.).
[95] Kamhi*, imperador da China, perguntava aos missionários jesuítas em Pequim: *que diríeis se eu enviasse missionários ao vosso país?* Sabe-se bem das revoltas excitadas pelos jesuítas no Japão e na Etiópia, nos quais o cristianismo foi inteiramente banido*. Um santo missionário dizia *que os missionários sem mosquetes não estavam preparados para fazer prosélitos*.
* Cf. HOLBACH. *Christianity unveiled*: a controversy in documents. Translation: David Holohan. Surrey: Hodgson Press, 2008. p. 109. (N. T.).

violência capaz de tornar odiosa sua divindade. Eles acreditaram, sem dúvida, que os homens, aos quais seu Deus permanecera por longo tempo desconhecido, só podiam ser bestas sobre as quais era permitido executar as maiores crueldades. Para um cristão, um infiel nunca foi mais que um cão.

Aparentemente, em consequência das ideias judaicas, as nações cristãs usurparam as posses dos habitantes do novo mundo. Os castelhanos e os portugueses tinham, aparentemente, os mesmos direitos para se apoderar da América e da África que os hebreus tiveram para se tornarem donos da terra dos cananeus para exterminar dela os seus habitantes ou para reduzi-los à escravidão. Um pontífice do Deus de justiça e de paz não se arrogou o direito de distribuir impérios longínquos aos monarcas europeus a quem quis favorecer? Essas violações manifestas do direito natural e dos povos pareceram legítimas aos príncipes cristãos, em cujo favor a religião santificava a avareza, a crueldade e a usurpação.[96]

Enfim, o cristianismo vê a *humildade* como uma virtude sublime, atribuindo-lhe a maior importância. Sem dúvida, não há necessidade das luzes divinas e sobrenaturais para sentir que o orgulho fere os homens e torna desagradável aquele que o mostra aos outros. Por pouco que refletíssemos, seríamos convencidos de que a arrogância, a presunção e a vaidade são qualidades desagradáveis e desprezíveis; mas a humildade do cristão deve ir mais longe ainda; deve renunciar a sua razão, desconfiar de suas virtudes, recusar-se a fazer justiça as suas boas ações, perder a autoestima, mesmo a mais merecida. De onde se vê que essa pretendida virtude serve apenas para degradar o homem, para deteriorá-lo diante dos seus próprios olhos, para sufocar nele toda energia e todo desejo de se tornar útil à sociedade. Proibir os homens de estimar a si próprio e merecer a estima dos outros é romper a mola mais poderosa que os conduz às grandes ações, ao estudo e à indústria. Parece que o cristianismo se propõe somente a fazer escravos abjetos, inúteis ao mundo, aos quais a submissão cega aos seus sacerdotes substitui toda virtude.

---

[96] Santo Agostinho nos ensina que *por direito divino tudo pertence aos justos:* máxima que se funda em uma passagem dos Salmos, que diz: *os justos comerão o fruto do trabalho dos ímpios.* Ver *Santo Agostinho, Epístola 93*. Sabe-se que o Papa, por uma bula* expedida em favor dos reis de Castela, de Aragão e de Portugal, fixou a linha de *demarcação* que regulamentou as conquistas que cada um deles havia feito sobre os países infiéis. De acordo com tais princípios, o universo não é a presa do banditismo dos cristãos?

*Trata-se da bula *Inter Coetera*, escrita pelo Papa Alexandre VI, em 3 de maio de 1493, que estabeleceu uma linha imaginária a 100 léguas a oeste dos Arquipélagos de Açores e de Cabo Verde. Com essa bula, todas as terras que estivessem a oeste dessa linha imaginária seriam possessões espanholas, aquelas que estivessem a leste seriam terras portuguesas. (N.T)

Não nos surpreendamos; uma religião que se orgulha de ser sobrenatural deve buscar a desnaturalização do homem. De fato, no delírio de seu entusiasmo, proíbe-o de amar a si mesmo; ordena-o a odiar os prazeres e a apreciar a dor; fê-lo merecedor dos males voluntários que faz a si mesmo. Daí essas austeridades, essas penitências destruidoras da saúde, essas mortificações extravagantes, essas privações cruéis, essas práticas insensatas, enfim, esses suicídios lentos pelos quais os mais fanáticos dos cristãos creem merecedores do céu. É verdade que nem todos os cristãos se sentem capazes dessas perfeições maravilhosas. Todos, para se salvarem, acreditam-se mais ou menos obrigados a mortificar seus sentidos, a renunciar aos benefícios que um Deus bom lhes apresenta, porque supõem que esse Deus iria se irritar se não fizessem uso desses meios, e somente lhes oferece esses bens para que se abstenham de tocá-los. Como a razão poderia aprovar virtudes que nos destroem? Como o bom senso poderia admitir um Deus que diz se tornar infeliz e que, ao mesmo tempo, se compraz em contemplar os tormentos que suas criaturas infligem a si mesmos? Que frutos a sociedade pode colher dessas virtudes que tornam o homem sombrio, miserável, e incapaz de ser útil à pátria? A razão e a experiência, sem recorrer à superstição, não bastam para provar que as paixões e os prazeres levados ao excesso viram-se contra nós mesmos e que o abuso das melhores coisas se torna um verdadeiro mal? Nossa natureza não nos força à temperança e à privação dos objetos que podem nos prejudicar? Em suma, um ser que quer se conservar não deve moderar suas inclinações e fugir daquilo que tende a sua destruição[97]? É evidente que o cristianismo autoriza, ao menos indiretamente, o suicídio.

---

[97] As ideias funestas que os homens sempre tiveram da divindade, unidas ao desejo de se distinguir dos outros por ações extraordinárias, são as verdadeiras origens das penitências que vemos ser praticadas em todas as partes do mundo. Nada é mais surpreendente que as penitências dos *iogues* indianos, aos quais os penitentes cristãos dificilmente poderão se comparar. Os sacerdotes de Astarte na Síria e de Cibele na Frígia faziam-se eunucos; os pitagóricos foram inimigos dos prazeres*, os romanos tinham vestais** semelhantes as nossas religiosas. Talvez, as ideias da necessidade de fazer penitência para apaziguar a divindade sejam derivadas daquelas que outrora persuadiram de que Deus queria o sangue humano. É, sem dúvida, nisso que se baseou o sacrifício de Jesus Cristo, que foi estritamente falando, um *suicídio*. A religião cristã, admitindo semelhante Deus como modelo, anuncia a seus sectários que eles devem destruir a si mesmos para sair rapidamente deste mundo perverso. A maioria dos mártires foram verdadeiros suicidas***. Os monges trapistas, ou de Sept-Fons, tornaram-se igualmente culpados.
* Cf. DIÓGENES LAÉRCIO. *Vida de los filósofos mas ilustres*. Campinas: Livre, 2016. p. 232–245. DUMONT, J-P. *Elementos de história da filosofia antiga*. Tradução de Georgete M. Rodrigues. Brasília: UNB, 2004. p. 71–99. (N. T.).
** Sobre as vestais cf. COMMELIM, 2011, p. 32. (N. T.)
*** A destruição de si mesmo perpassa sobretudo pela mortificação dos desejos, especialmente os sexuais, em seguida, o anseio ardente do martírio, não como demérito, mas como virtude para alcançar a graça divina. Cf. ONFRAY, M. *Decadência*: o declínio do Ocidente. Tradução de Pedro Elói Duarte. Lisboa: Setenta, 2019. p. 95–109. BARBAGLI, M. *O suicídio no Ocidente e no Oriente*. Tradução de Federico Carotti. Petrópolis: Vozes, 2019. p. 59–80. (N. T.).

Em consequência dessas ideias fanáticas, sobretudo nos primeiros tempos do cristianismo, os desertos e as florestas foram povoados de cristãos perfeitos, que, ao se distanciarem do mundo, privaram suas famílias de apoio e a pátria, de cidadãos, entregando-se a uma vida ociosa e contemplativa. Daqui essas legiões de monges e cenobitas, sob os estandartes de diferentes entusiastas, alistaram-se em uma milícia inútil ou prejudicial ao Estado. Eles acreditaram merecer o céu, enterrando os talentos necessários aos seus concidadãos, devotando-se à inação e ao celibato. Por essas razões, em países onde os cristãos são mais fiéis a sua religião, uma multidão de homens, por piedade, obriga a si mesmo a permanecer, por toda a sua vida, inútil e miserável. Que tão bárbaro coração para recusar as lágrimas pelo destino dessas vítimas, retiradas de um sexo encantador que a natureza destinou para nossa felicidade! Desafortunadas pelo entusiasmo da juventude ou forçadas pelos pontos de vista particulares de uma família imperiosa, são, para sempre, banidas do mundo; juramentos temerários ligam-nas para sempre ao tédio, à solidão, à escravidão, à miséria; compromissos contrários à natureza condenam-nas à virgindade. É em vão que um temperamento mais maduro reclama nelas, cedo ou tarde, e as faz gemer sobre os votos imprudentes, a sociedade as pune pelo esquecimento de sua inutilidade e por sua esterilidade voluntária. Separadas das famílias, passam toda sua vida no tédio, na amargura e em lágrimas, uma vida perpetuamente constrangida por carcereiros incômodos e déspotas. Enfim, isoladas, sem auxílios e sem relações, somente lhes resta o terrível consolo de seduzir outras vítimas que partilhem com elas os problemas de sua solidão e dos seus tormentos, tornados irremediáveis.

Em suma, o cristianismo parece ter se ocupado da tarefa de combater em tudo a natureza e a razão: admitem-se algumas virtudes aprovadas pelo bom senso, quer sempre ultrajá-las, jamais conservando o justo meio, o ponto da perfeição. A volúpia, a dissolução, o adultério, em uma palavra os prazeres ilícitos e vergonhosos, são, evidentemente, coisas que todo homem, zeloso de sua conservação e para merecer a estima de seus concidadãos, deve resistir. Os pagãos sentiram e ensinaram essa verdade, apesar dos costumes excessivos pelos quais o cristianismo os reprova[98]. A religião cristã, pouco contente com essas máximas racionais, recomenda o *celibato* como um estado de perfeição; o nó tão legítimo do matrimônio é uma imperfeição aos seus olhos. O Pai do Deus dos cristãos havia dito no Gênesis: *não é bom que o homem permaneça sem companhia*. Havia formalmente ordenado a todos os seres que *crescessem e se multiplicassem*[99]*. Seu Filho, segundo o Evangelho, veio para anular essas leis; ele afirma que, para ser perfeito, é preciso se privar do matrimônio, resistir a uma das mais prementes necessidades que a natureza inspira no homem, morrer sem posteridade, recusar cidadãos ao Estado e sem suporte a sua velhice.

Se consultarmos a razão, descobriremos que os prazeres do amor nos prejudicam, quando tomados em excesso; que são crimes, quando prejudicam os demais. Sentiremos que corromper uma jovem é condená-la à vergonha e à infâmia, é aniquilar para ela as vantagens da sociedade; o adultério é uma invasão dos direitos do outro, que destrói a união dos esposos ou que separa, ao menos, os corações que foram feitos para se amar. Concluiremos dessas coisas que o matrimônio é o único meio de satisfazer honesta e legitimamente a necessidade da natureza para povoar a sociedade, para fornecer algum apoio; é um estado muito mais respeitável e muito mais sagrado do que esse celibato destruidor, essa castração voluntária que o cristianismo tem a impudência de transformar em virtude. A natureza, ou o autor dela, convida os homens a se multiplicar pelo atrativo do prazer; ele declarou em voz alta que a mulher era necessária ao homem; a experiência fê-lo conhecer que eles devem formar uma sociedade não somente para gozar de prazeres passageiros, mas também para se ajudarem a suportar as amarguras da vida, para educar filhos, para fazer deles cidadãos, para encontrar neles apoios em suas velhices. Dando ao homem forças superiores às de sua companheira, a natureza quis que ele trabalhasse para sustentar sua família; ao dar a essa companheira órgãos mais fracos, a natureza a destinou para trabalhos menos penosos, mas não menos necessários; ao dar

---

[98] Aristóteles e Epiteto recomendaram a *pureza nos discursos*. Menandro* disse que o homem de bem não pode permitir que se corrompa uma virgem, nem que se cometa adultério. Tibulo* disse: *casta placent superis*. Marco Antônio rende graças aos deuses por terem lhe conservado casto em sua juventude. Os romanos tinham leis contra o adultério. O padre Tachard diz: que os siameses** têm uma moral que os proíbe não somente as ações desonestas, mas também os pensamentos e os desejos impuros; de onde se vê que a castidade e a pureza de costumes foram estimadas mesmo antes do cristianismo por nações que jamais haviam ouvido falar dele.
* Menandro (c. 343–291 a.C.), comediante ateniense. Tibulo (Albius Tibullus – c. 55–19 a.C.), poeta romano. (N. T.).
** Relativo aos habitantes de Sião, atual Tailândia. Aqui se trata de Guy de Tachard (1651-1712), padre jesuíta francês. (N. T.).
[99] * Gn 1:28; 2:18. (N. T.).

uma alma mais sensível e mais doce, a natureza quis que um sentimento terno se ligasse mais particularmente aos seus fracos filhos. Eis os laços felizes que o cristianismo gostaria de impedir que se formassem[100]; eis as visões que se esforça para cruzar, propondo como um estado de perfeição um celibato que despovoa a sociedade, que contradiz a natureza, que convida à libertinagem, que deixa os homens isolados e que somente pode ser vantajoso à política odiosa dos sacerdotes de algumas seitas cristãs que têm por dever se separar de seus concidadãos para formar um corpo fatal que se eterniza sem posteridade. *Gens aeterna, in quâ nemo nascitur.*[101]

Se o cristianismo teve a indulgência de permitir o matrimônio aos seus sectários, que não ousaram ou não puderam tender para a perfeição,

---

[100] É evidente que na religião cristã olha-se o matrimônio como um estado de imperfeição. Talvez seja porque Jesus Cristo era da seita dos essênios, que, semelhante aos monges modernos, renunciavam ao matrimônio e se consagravam ao celibato. Essas ideias provavelmente foram adotadas pelos primeiros cristãos, que esperando, segundo as profecias de Cristo, o fim do mundo a cada instante, viam como inútil ter filhos e multiplicar os laços que os uniam a um mundo fadado a perecer. De qualquer forma, São Paulo disse *que é melhor se casar que se queimar**. Jesus falou com elogio daqueles *que se fizeram eunucos pelo reino dos céus***. Orígenes tomou literalmente esse conselho ou preceito***. São Justino Mártir disse que Deus *quis nascer de uma virgem, a fim de abolir a geração ordinária, que é o fruto de um desejo ilegítimo*****. A perfeição que o cristianismo acrescentou ao celibato foi uma das principais causas que o fez ser banido da China. Santo Eduardo, o confessor, absteve-se de mulheres por toda a sua vida*****. A ideia da perfeição incorporada à castidade foi causa da extinção sucessiva de todas as famílias reais dos saxões na Inglaterra. Santo Agostinho, o apóstolo dos ingleses, consultou o papa São Gregório para saber *quanto tempo um homem que se relacionou com sua mulher leva para poder entrar na Igreja e ser admitido na comunhão dos fiéis.*
* 1 Cor 7:9. (N. T.).
** Mt 19:12. (N. T.).
*** Cf. EUSÉBIO DE CESAREIA. *História eclesiástica*. 2. ed. São Paulo: Paulus, 2008. p. 289–291. (N. T.).
**** JUSTINO. *I e II Apologias; Diálogo com Trifão*. Tradução de Ivo Storniolo e Euclides M. Balancin. São Paulo: Paulus, 1995. (N. T.).
***** Eduardo (1003 e 1066) foi rei da Inglaterra entre 1043 a 1066. Conta-se que, mesmo casados, ele e a esposa fizeram voto de virgindade. (N. T.).

[101] O celibato, prescrito aos sacerdotes da Igreja romana, é, ao que parece, efeito da política mais refinada da parte dos pontífices que os sujeitaram a essa lei. Primeiro, porque tinha de aumentar a veneração dos povos, que acreditavam que seus sacerdotes não eram homens, composto de carne e osso, como os demais. Em segundo lugar, porque, proibindo o matrimônio aos sacerdotes, os laços que os uniam as suas famílias e ao Estado se romperam para os unir unicamente à Igreja, cujos bens, por esse meio, não foram divididos, permanecendo sempre íntegros. Pelo celibato, os sacerdotes da Igreja romana tornaram-se tão poderosos e tão maus cidadãos. O celibato torna-os, de certo modo, independentes; eles somente são obrigados a pensar em sua posteridade. Um homem que tem família possui necessidades que o celibatário não conhece, que vê tudo acabar com ele. Os Papas mais ambiciosos são os maiores promotores do celibato dos sacerdotes. Gregório VII* foi o que trabalhou com mais ardor no seu estabelecimento. Se os sacerdotes pudessem se casar, os reis e os príncipes logo seriam sacerdotes, e o Soberano Pontífice não encontraria neles súditos tão dóceis. É ao celibato que se deveu a dureza, a desumanidade, a obstinação e o espírito revoltoso, os quais sempre foram censurados ao clero católico.
* Gregório VII, Papa (1020-1085), foi o promotor da reforma gregoriana que determinou, entre outras coisas, a obrigatoriedade do celibato entre os padres católicos, ameaçando de excomunhão os que assim não o fizessem. Cf. GOUGUENHEIM, S. *La Réforme grégorienne. De la lutte pour le sacré à la sécularisation du monde*. Paris: Temps Présent, 2010. Cf. RADEMACHER, R. M. *Celibacy and the gregorian reform*. Michigan: Western Michigan University, 1973. (N. T.).

parece que ele os puniu pelos incômodos entraves que pôs a esse laço. Assim vemos o divórcio proibido pela religião cristã; os laços mais incompatíveis tornaram-se indissolúveis; as pessoas, casadas uma vez, são forçadas a choramingar para sempre pela sua imprudência; ainda assim, o matrimônio, que só pode conter o bem-estar, a ternura e o afeto, por seu objeto e por seu fundamento, tornar-se-ia para elas uma fonte de discórdias, de amarguras e de penas. É assim que a lei, de acordo com a crueldade religiosa, consente a impedir os infelizes de romper suas correntes. Parece que o cristianismo fez todo o possível para se afastar do matrimônio, preferindo um celibato que conduz necessariamente à libertinagem, ao adultério e à dissolução[102]. Entretanto, o Deus dos judeus havia permitido o divórcio, e não vemos com que direito seu Filho, que veio para cumprir a lei de Moisés, revogou uma permissão tão sensata.

Não falamos aqui dos outros entraves que, desde seu fundador, a Igreja impôs ao matrimônio[103]. Ao proscrever o matrimônio entre parentes, não parece ter proibido que aqueles que queriam se unir se conhecessem bem e se amassem mui ternamente?

---

[102] A natureza jamais perde seus direitos; os celibatários sentem necessidades como os outros homens; eles não encontram outra fonte que à prostituição, o adultério, ou meios que a decência não permite nominar. Na Espanha, em Portugal e na Itália, os monges e os sacerdotes são os monstros da luxúria; a libertinagem, a pederastia e o adultério são tão comuns nesses países por causa dos muitos celibatários. Os vícios dos leigos seriam mais raros se o matrimônio não fosse indissolúvel*.
* Acerca do tema da sexualidade, do matrimônio e do celibato no seio da Igreja Católica nesta perspectiva holbachiana, cf. DESCHNER, K. *Historia sexual del cristianismo*. Traducción: Manuel Ardid Lorés. Zaragoza: Yalde, 1996. (N. T.).

[103] Os Soberanos Pontífices de Roma devem rir muito quando veem os reis suplicando-lhes a conceder dispensa do casamento. É evidente que, na origem, os matrimônios entre parentes foram proibidos pela lei civil; os príncipes e os imperadores, mesmos cristãos, são os únicos que, no início, proibiram ou permitiram esse tipo de matrimônio. Ver *Code Theod. título 12, lei 3, e o code, lei 5, título 8, § 10 e ibid. 8, 9, 37*.* Os reis da França exerceram esse mesmo direito. M. De Marca diz formalmente: *Pars illa juris tunc erat pene Principes, sine ulla controversia*. Ver seu livro *De concordia sacerdotii et imperii***. Pouco a pouco, portanto, a igreja usurpou esse direito dos príncipes, e os Papas se fizeram senhores absolutos do vínculo conjugal, que houve um tempo em que era quase impossível saber se um matrimônio estava indo bem ou mal. A Igreja proibia o matrimônio até o parentesco não poder mais ser conhecido. A *afinidade* tornou-se um obstáculo; a *afinidade espiritual* foi inventada; os padrinhos e as madrinhas já não podiam mais se casar, e assim o Papa se fez também o árbitro da sorte dos reis e de seus súditos. Sob protesto de *matrimônio incestuoso*, o Papa perturbou centenas de vezes o ordenamento dos Estados; excomungou os soberanos, decretou ilegítimos os seus filhos e decidiu a ordem de sucessão às coroações. Apesar disso, segundo a Bíblia, é indubitável que os filhos de Adão tiveram que desposar suas irmãs. Os teólogos proscreveram os matrimônios entre parentes por uma razão bem digna deles. Esses matrimônios, dizem, são criminosos, porque, se à união, que já existe entre parentes, se acrescentasse ainda a ternura conjugal, poder-se-ia temer que o amor entre os esposos seria demasiado grande.
* Holbach refere-se ao *Codex Theodosianus*, foi uma compilação de leis do direito romano autorizada e realizada no reinado do imperador romano Teodósio II, no século V EC. (N. T.).
** Pierre de Marca, bispo francês (1594-1662). (N. T.).

Essas são as perfeições que o cristianismo propõe aos seus filhos, essas são as virtudes que prefere àquelas que chama, por menosprezo, *virtudes humanas*. Muito mais, rejeita e desaprova essas últimas, chama-as falsas e ilegítimas, porque aqueles que as possuem não têm fé. O quê! Essas virtudes, tão amáveis e tão heroicas da Grécia e de Roma, não eram virtudes verdadeiras! Se a equidade, a humanidade, a generosidade, a temperança e a paciência de um pagão não são virtudes, que nome podemos dar? Não é confundir todas as ideias de moralidade afirmar que a justiça de um pagão não é justiça, que a bondade não é bondade, que a sua beneficência é um crime? As virtudes reais de Sócrates, de Catão, de Epiteto, de Antônio não são preferíveis ao zelo de Cirilo, à obstinação de Atanásio, à inutilidade de Crisóstomo, à ferocidade de Domingo e à baixeza de alma de Francisco?[104]

Todas as virtudes que o cristianismo admira ou são indignantes e fanáticas, ou tendem a tornar o homem tímido, abjeto e infeliz. Se lhe dão coragem, logo se torna obstinado, altivo, cruel e prejudicial à sociedade. É assim que deve ser, para responder aos pontos de vista de uma religião que despreza a terra e que não se incomoda em causar desordem, contanto que seu Deus ciumento triunfe sobre os seus inimigos. Nenhuma moral verdadeira pode ser compatível com uma tal religião.

---

[104] São Cirilo, com ajuda de um grupo de monges, tentou assassinar a Orestes, governador de Alexandria, e conseguiu assassinar do modo mais bárbaro a bela, a prudente e virtuosa Hipácia*. Todos os santos venerados pela Igreja romana ou foram rebeldes, que combateram pela causa de sua ambição, imbecis, que a enriqueceram com suas doações, loucos ou visionários que destruíram a si mesmos.

* Cf. NIXEY, C. *A chegada das trevas*: como os cristãos destruíram o mundo clássico. Tradução de Pedro Carvalho e Guerra. Lisboa: Desassossego, 2018. p. 155–186. Cf. ONFRAY, 2019, p. 147–160. (N. T.).

CAPÍTULO XIII

DAS PRÁTICAS E DOS DEVERES DA RELIGIÃO CRISTÃ

Se as virtudes do cristianismo não têm nada de sólido e de real, ou não produzem efeito algum que a razão possa aprovar, ela não verá nada de mais estimável em uma série de práticas estranhas, inúteis e muitas vezes perigosas, das quais faz de deveres a seus devotos sectários, mostrando-lhes como meios seguros de aplacar a divindade, obter suas graças e merecer suas recompensas inefáveis.

O primeiro e mais essencial dos deveres do cristianismo é *orar*. É na oração contínua que o cristianismo amarra a sua felicidade. Seu Deus, a quem se supõe cheio de bondade, quer ser solicitado para derramar suas graças, concedendo apenas quando é importunado. Sensível à bajulação, como os reis da terra, ele exige um título e apenas ouve os desejos de maneira favorável, se forem apresentados de acordo com certo ritual. O que diríamos de um pai que, conhecendo as necessidades de seus filhos, não consentisse em dar-lhes o alimento necessário, a menos que arrancassem com súplicas fervorosas e frequentemente inúteis? Porém, por outro lado, não é desconfiar da sabedoria de Deus prescrever regras para sua conduta? Crer que suas criaturas o possam obrigar a mudar seus decretos não é duvidar de sua imutabilidade? Se ele tudo sabe, qual a necessidade de ser avisado constantemente sobre as disposições do coração e dos desejos de seus súditos? Se ele é todo-poderoso, como poderia ser lisonjeado com homenagens, com submissões reiteradas, com aniquilações onde pisam seus pés?

Em suma, a oração supõe um Deus caprichoso, com falta de memória, que é sensível ao louvor, que se lisonjeia ao ver seus súditos humilhados diante dele, que tem ciúmes de receber, a cada instante, os sinais reiterados de submissão.

Essas ideias, emprestadas dos príncipes da Terra, podem bem ser aplicadas a um Ser todo-poderoso, que criou o universo apenas para o homem e que quer somente a sua felicidade? Podemos supor que um Ser todo-poderoso, sem igual e sem rivais, tenha ciúmes de sua glória? Há glória para um Ser a quem nada pode ser comparado? Os cristãos não veem que, querendo exaltar e honrar seu Deus, eles realmente o rebaixam e o degradam?

No sistema da religião cristã, observa-se ainda que as orações de uns podem ser aplicáveis a outros: seu Deus, parcial aos seus favoritos, recebe pedidos apenas desses; escuta seu povo apenas quando seus desejos são oferecidos a Ele pelos seus ministros. Assim, Deus se torna um sultão, acessível somente por seus ministros, seus vizires, seus eunucos e as mulheres de seu harém. Daqui essa multidão inumerável de sacerdotes, de cenobitas, de monges e religiosos não têm outras funções a não ser de levantar suas mãos ociosas ao céu e orar noite e dia para obter seus favores para a sociedade. As nações pagam bem caro esses importantes serviços, e os devotos preguiçosos vivem em esplendor, enquanto o verdadeiro mérito, o trabalho e a indústria, perecem na miséria.[105]

Com o pretexto de se dedicar à oração e às cerimônias de seu culto, o cristão, sobretudo naquelas seitas mais supersticiosas, é obrigado a permanecer ocioso e a estar com os braços cruzados em uma grande parte do ano, persuadido de que honra seu Deus por essa inutilidade. As festas, multiplicadas pelo interesse dos sacerdotes e pela credulidade dos povos, suspendem os trabalhos necessários de muitos milhões de braços; o homem do povo vai fazer oração em um templo em vez de cultivar seu campo; ali ele alimenta seus olhos com cerimônias pueris e seus ouvidos com fábulas e dogmas que não consegue compreender. Uma religião tirânica cometeria um crime contra o artesão ou o agricultor que, durante esses dias consagrados ao descanso, ousasse se ocupar com os meios para obter subsistência para uma família numerosa e indigente, e, junto à religião, o governo puniria aqueles que tivessem a audácia de ganhar o pão, em vez de fazer as orações ou de ficar de braços cruzados.[106]

Pode a razão subscrever a essa obrigação bizarra de se abster de carne e de alguns alimentos que algumas seitas cristãs impõem? Em consequência dessa lei, o povo que vive do seu próprio trabalho vê-se forçado a se conter

---

[105] Um imperador (que, se não me engano, era Justino) pedia perdão a Deus e se escrupulizava do tempo que oferecia à administração do Estado e que tirava de suas orações.

[106] Constantino, como imperador, ordenou no ano 321 que aos domingos cessassem todas as funções de justiça, os ofícios e as ocupações ordinárias das cidades. Aquelas do campo e da agricultura foram excluídas dessa lei. Essas disposições eram, ao menos, mais racionais que aquelas que existem hoje em dia, sobretudo entre os católicos romanos. Agora é o Papa e os bispos que determinam os dias festivos e que forçam o povo a ser ocioso. Ver Tillemont, *vida de Constantino*, art. 15, p. 180.

durante intervalos muito longos com um alimento caro, ruim e impróprio para reparar as forças.

Que ideias abjetas e ridículas devem ter de seu Deus os insensatos que creem que ele se irrita pela qualidade das iguarias que entram no estômago de suas criaturas? Entretanto, com seu dinheiro, o céu torna-se mais cômodo. Os sacerdotes cristãos têm estado incessantemente ocupados em incomodar seus crédulos sectários a fim de obrigá-los a transgredir tudo para ter motivo de fazê-los expiar onerosamente suas pretendidas transgressões. Tudo no cristianismo, mesmo os pecados, gira em benefício dos sacerdotes.[107]

Nenhum culto jamais pôs seus sectários em uma dependência mais completa e contínua de seus sacerdotes que o cristianismo. Esses sacerdotes jamais perderam de vista suas presas, tomaram as medidas mais justas para escravizar os homens, fazendo-os contribuir para seu poder, para suas riquezas e para seu império. Mediadores entre o Monarca Celestial e seus súditos, esses sacerdotes foram vistos como cortesãos de crédito, como ministros encarregados de exercer o poder em seu nome como favoritos aos quais a divindade nada podia recusar. Assim, os ministros do Todo-Poderoso tornaram-se os senhores absolutos da sorte dos cristãos; apoderaram-se, pelo resto da vida, dos escravos a quem o temor e o preconceito lhes submeteram; apegaram-se a eles e se fizeram necessários para uma infinidade de práticas e deveres tão pueris quanto bizarros, cuidando de fazê-los crer como indispensavelmente necessários para a salvação. Cometeram, pela omissão desses deveres, os crimes mais graves que os da violação manifesta das regras morais e da razão.

Não nos surpreendamos, pois, se nas seitas mais cristãs, quer dizer, as mais supersticiosas, vermos o homem perpetuamente infestado por sacerdotes. Mal sai do ventre de sua mãe, quando, com o pretexto de lavá-lo de

---

[107] Os gregos e os cristãos orientais observam muitas quaresmas e jejuam com rigor. Na Espanha e em Portugal, compra-se a permissão para comer carne nos dias em que está proibido: força-se a pagar uma taxa, ou *a bula da cruzada**, mesmo que se cumpra com os mandamentos da Igreja, pois sem isso não há absolvição. O costume de jejuar e se abster de certos alimentos veio dos egípcios e dos judeus e desses aos cristãos e maometanos. As potências, a quem os católicos romanos olham como heréticas, são praticamente as únicas que se beneficiam da abstinência da carne; os ingleses vendem bacalhau e os holandeses os arenques. Não é muito original que os cristãos se abstenham da carne, abstinência que não é ordenada em nenhuma parte do Novo Testamento, ao mesmo tempo que se abstêm do sangue, da morcela e da carne de animais afogados, que são absolutamente e severamente proibidos pelos apóstolos como a fornicação. Ver *Atos dos Apóstolos, cap. 15, vers. 8*.
* "A bula da cruzada concedia indulgências aos fiéis mediante compra [...]. Sua aquisição implicava a dispensa de certos rituais católicos, como jejuns e abstinências". Cf. *Junta da Bula da Cruzada*. Disponível em: http://mapa.an.gov.br/index.php/dicionario-periodo-colonial/178-junta-da-bula-da-cruzada. Acesso em: 20 mar. 2021. (N. T.).

uma suposta *mancha original*, o sacerdote batiza-o por dinheiro, reconcilia-o com um Deus a quem não pôde, todavia, ofender; com o auxílio de certas palavras e encantamentos, arranca-o do domínio do demônio. Desde a mais terna infância, sua educação é ordinariamente confiada aos sacerdotes, cujo principal objetivo é inculcar-lhe desde cedo os preconceitos necessários as suas opiniões; inspiram-lhes com terrores, que se multiplicarão ao longo de toda sua vida; instruem-lhe nas fábulas de uma religião maravilhosa, em seus dogmas insensatos, em seus mistérios incompreensíveis; em uma palavra, fazem dele um cristão supersticioso e nunca um cidadão útil, um homem esclarecido[108]. Somente lhe mostram uma coisa como necessária, estar devotamente submisso a sua religião. Seja devoto, dizem-lhe, seja cego, despreze sua razão, ocupe-se com o céu e negligencie a terra, isso é tudo que Deus pede para o conduzir à felicidade.

Para conservar o cristão nas ideias abjetas e fanáticas que foram imbuídas na juventude, os sacerdotes, em algumas seitas, ordenam-lhes a ir com frequência depositar em seu seio, suas faltas mais ocultas, suas ações mais ignoradas, seus pensamentos mais secretos[109*]; eles o forçam a ir se humilhar aos seus pés e prestar homenagem a seu poder; eles intimidam o culpado e, se o consideram dignos, reconciliam-no, então, com a divindade, que por ordem de seus ministros, remete-lhe os pecados com que foi contaminado. As seitas cristãs que admitem essa prática gabam-se de serem um freio muito útil aos costumes, e muito adequado para conter as paixões dos homens; mas a experiência prova-nos que os países onde sua utilização é observada de uma maneira mais fiel, longe de ter costumes mais puros que os outros, têm-nos mais dissolutos. Essas expiações tão fáceis apenas encorajam o crime. A vida dos cristãos é um círculo de desregramento e *confissões* periódicas, e somente o sacerdócio se aproveita desse uso, o qual o dispõe a exercer um império absoluto sobre as consciências dos homens. Quão poderosa influência deve ser a de uma classe de pessoas que abrem e fecham arbitrariamente as portas do céu, que sabem os segredos das famílias e que podem acender o fanatismo nos espíritos a vontade!

---

[108] Em quase todo universo, a educação dos homens é confiada aos sacerdotes. Ele não poderia ficar surpreso depois disso, se a ignorância, a superstição e o fanatismo se eternizarem. Entre os protestantes, assim como os católicos, as universidades são estabelecimentos puramente sacerdotais. Parece que os europeus querem somente formar sacerdotes.

[109] * Referência à confissão, na Igreja Católica. (N. T.).

Sem a admissão do sacerdote, o cristão não pode participar dos mistérios sagrados, pois os sacerdotes têm o direito de excluí-lo. O cristão poderia se consolar dessa pretendida privação; porém os anátemas ou *excomunhões* dos sacerdotes fazem um mal real ao homem; as penas espirituais produzem efeitos temporais, e todo cidadão que incorre na desgraça da Igreja está em perigo de incorrer naquela do governo, chegando a ser um objeto odioso para seus concidadãos.

Já vimos que os ministros da religião interferiram nos assuntos matrimoniais; sem a sua admissão, um cristão não pode se tornar pai de família; ele tem de se submeter às fórmulas caprichosas da religião, caso contrário, a política, de acordo com a religião, excluiria seus filhos do número de cidadãos.[110]

Durante toda a sua vida, o cristão, sob pena de se tornar culpado, é obrigado a assistir as cerimônias de seu culto de acordo com as instruções de seus sacerdotes. Assim, ao cumprir fielmente esse importante dever, ele acredita ser o favorito de seu Deus, persuadindo-se de que não deve nada à sociedade. É assim como as práticas inúteis tomam o lugar da moral, a qual, por todas as partes está subordinada à religião e por essa deve ser comandada.

Quando o término de sua vida se aproxima, deitado em seu leito, o cristão é ainda assaltado pelos sacerdotes até no último instante. Em algumas seitas cristãs, a religião parece ser estudada para tornar a morte do homem mil vezes mais amarga. Um sacerdote silenciosamente aproxima-se da cama do moribundo para o alarmar, sob o pretexto de o reconciliar com seu Deus, vem fazê-lo saborear o espetáculo do fim[111]. Se esse uso é destrutivo para os cidadãos, é pelo menos muito útil ao sacerdócio, que deve grande parte de suas riquezas aos terrores salutares que inspira, a propósito, nos cristãos ricos e moribundos. A moral não obtém os mesmos frutos dela. A experiência mostra-nos que a maior parte dos cristãos,

---

[110] Por pouco que se leia a história, encontrar-se-á que os sacerdotes cristãos quiseram interferir em tudo: a Igreja, como boa mãe, interferiu até no modo de pentear, vestir e calçar seus filhos. No século 15, ela se irritou contra os sapatos de ponta, aos quais pôs, então, o nome de *Souliers à la poulaine**. São Paulo, já em seu tempo, condenou o penteado.
* Sapato de bico fino, sapato polonês. (N. T.).

[111] Não há nada mais bárbaro que os hábitos da Igreja romana em relação aos moribundos; os sacramentos matam mais pessoas do que as enfermidades e os médicos; o medo pode causar apenas revoluções infelizes em um corpo débil: entretanto, a política concorda com a religião para manter esses usos cruéis. Em Paris, quando um médico faz três visitas a um enfermo, a lei diz para administrar os sacramentos*.
* A unção dos enfermos. (N. T.).

vivendo seguramente no excesso ou no crime, deixam para a morte o cuidado de se reconciliar com Deus. Por meio de um arrependimento tardio e de generosidades que fazem ao sacerdócio, esse expia suas culpas e lhes permite esperar que o céu ponha no esquecimento os roubos, as injustiças e os crimes que cometeram durante todo o curso de uma vida prejudicial a seus semelhantes.

A própria morte não põe fim ao império do sacerdócio sobre os cristãos de algumas seitas; os sacerdotes tiram proveito até dos cadáveres; por dinheiro, adquirem para seus restos mortais o direito de ser depositado em um templo e de espalhar nas cidades a infecção e a doença. Que digo eu? O poder sacerdotal estende-se para além da sepultura. Compra-se caro as orações da Igreja para livrar as almas dos mortos dos tormentos; essas orações, afirmam, são destinadas, no outro mundo, a purificá-las. Bem-aventurados os ricos em uma religião na qual, com a ajuda do dinheiro, podem interessar aos favoritos[112]* de Deus, que suplicam a remissão das penas, às quais sua justiça imutável havia-lhes infligido![113]

Esses são os principais deveres que o cristianismo recomenda como necessários, e de cuja observância quer que dependa a salvação. Essas são as práticas arbitrárias, ridículas e prejudiciais que muitas vezes, ousadamente, substituem os deveres da sociedade. Não combateremos as diferentes práticas supersticiosas, admitidas com respeito por algumas seitas e rejeitadas por outras, como são as honras que se tributam à memória desses piedosos fanáticos, desses heróis do entusiasmo, desses contempladores obscuros que o Pontífice romano coloca entre o número

---

[112] * Ou seja, aos sacerdotes. Eles são os escolhidos por Deus para serem os intermediários entre Ele e o povo. Quanto mais dinheiro um indivíduo dispunha, mais próximo estaria da salvação. (N.T).

[113] Com a ajuda do dogma do purgatório e a eficácia das orações da Igreja, a Igreja romana muitas vezes conseguiu despojar as heranças das famílias mais ricas. Frequentemente, os bons cristãos deserdam seus parentes para doar à Igreja; isso se chama *nomear herdeira sua alma**. No concílio de Basiléia, realizado no ano de 1443, os franciscanos trataram de que se fizesse dogmática essa proposição: *Beatus Franciscus, ex divino privilegio, quot annis in Purgatorium descendi, suosque omnes in caelum deducit*. Porém, esse dogma, tão favorável aos *cordeliers***, foi rejeitado pelos bispos. A opinião da Igreja Católica é a de que as orações para os falecidos são para o *conforto de todos*. Nesse caso, é claro, os mais ricos a financiam.

*MATHIAS, C. L. K. Legados da consciência: estratégias para livrar a alma do "fogo do Purgatório". *História*, São Paulo, v. 34, n. 1, p. 163–194, jan./jun. 2015. Disponível em: https://www.scielo.br/pdf/his/v34n1/0101-9074-his-34-01-00163.pdf Acesso em: 22 mar. 2021. (N. T.).

** Aqui, referindo-se aos franciscanos franceses. *Corde liers*, aqueles de corda amarrada. (N. T.).

de santos[114]. Não falaremos dessas peregrinações que a superstição dos povos faz tanto caso, nem dessas indulgências pelas quais os pecados são perdoados. Contentar-nos-emos em dizer que essas coisas são comumente mais respeitadas pelo povo que as admite do que as regras da moral, pois essas últimas, por muitas vezes, são totalmente ignoradas. Custa menos aos homens se conformarem aos ritos, às cerimônias e às práticas do que ser virtuoso. Um bom cristão é um homem que se conforma exatamente a tudo quanto os seus sacerdotes exigem dele; esses exigem a cegueira, a liberalidade e a submissão no lugar de todas as virtudes.

---

[114] É fato que o Dairi, ou Papa japonês, o mesmo que o de Roma, tem o direito de canonizar ou de fazer santos. Esses santos são chamados de *Kamis* no Japão*.

* Sobre a religião japonesa (nascimento e mitologia), cf. YASUMARO, O. N. *The Kojiki*: an account of Ancient matters. Tradução de Gustav Heldt. New York: Columbia University Press, 2014. Cf. também: HARDACRE, H. *Shinto*: a history. New York: Oxford University Press, 2017. (N. T.).

CAPÍTULO XIV

DOS EFEITOS POLÍTICOS DA RELIGIÃO CRISTÃ

Após ter visto a inutilidade, e mesmo o perigo das perfeições, das virtudes e dos deveres que a religião cristã nos propõe, vejamos se ela influencia com melhor êxito a política ou se proporciona um bem-estar real às nações onde está estabelecida e se seria fielmente observada. Primeiro, descobrimos que em todos os lugares onde o cristianismo é admitido são estabelecidas duas legislações opostas uma à outra, combatendo-se reciprocamente. A política é feita para manter a união e a concórdia entre os cidadãos. A religião cristã, embora pregue que se amem e que vivam em paz, logo aniquila esses preceitos pelas divisões necessárias que devem se erguer entre seus sectários, esses são forçados a ouvir os oráculos ambíguos que os livros santos lhes anunciam. Desde o princípio do cristianismo, vemos disputas acaloradas entre seus doutores[115]. Desde então, encontramos, ao longo dos séculos, somente cismas, heresias, seguidas perseguições e combates, próprios para destruir essa concórdia tão exaltada, que se torna impossível em uma religião na qual tudo é obscuridade. Em todas as disputas religiosas, ambas as partes acreditam ter Deus do seu lado, consequentemente, são teimosos. E como não o seriam, uma vez que confundem a *causa de Deus* com a de sua vaidade? Assim, pouco dispostos a ceder, ambas as partes combatem, atormentam-se e se dilaceram até que a força decida as querelas que jamais são resolvidas no âmbito do bom senso. De fato, em todas as dissensões que

---

[115] Desde a primeira vez que os apóstolos se reuniram em um concílio, o de Jerusalém, vemos São Paulo em querelas com São Pedro para saber se deviam observar os ritos judaicos ou renunciá-los. Os homens, que tinham a fé em primeira mão, não puderam entrar em acordo; e, desde então, as coisas não se modificaram*.

* "Os homens", ou seja, os primeiros discípulos de Jesus e o apóstolo Paulo, diferentemente da história comumente contada por grande parte dos primeiros doutores da igreja, jamais chegaram a um acordo quanto ao entendimento da doutrina de Jesus Cristo. Pedro e os seus não estavam interessados em criar uma nova religião, mas seguir o judaísmo tal qual o próprio Jesus seguia. Paulo, não aceitando essa visão, "cria" uma nova religião chamada Cristianismo. A partir da morte de Jesus, e após a conversão de Paulo, esses dois posicionamentos jamais chegaram a um acordo e as discussões acaloradas entre Pedro e Paulo acabaram causando, segundo vários estudiosos, a divisão entre os primeiros sectários de Jesus Cristo. Aquilo que temos como cristianismo nada mais é do que um "paulinismo". Holbach entende que cristianismo é esse fervilhar de inconstâncias, porque desde seu início ouve disputas ferrenhas entre seus sectários. Para uma compreensão mais aprofundada desses posicionamentos, cf. GOULDER, M. *Saint Paul versus Saint Peter*. Louisville: Westminster John Knox Press, 1994. Cf. LUDEMANN; BORING, 1989. Cf. BASLEZ, 2012. (N. T.).

se ergueram entre os cristãos, a autoridade política sempre foi obrigada a intervir; os soberanos tomaram parte nas frívolas disputas dos sacerdotes, olhando-os como objetos da maior importância. Em uma religião estabelecida pelo próprio Deus, não há minúcias; em consequência, os príncipes armaram-se contra uma parte de seus súditos; o modo de pensar da corte decidiu a crença e a fé desses súditos; as opiniões que ela apoiou foram as únicas verdadeiras; seus satélites foram os vigilantes da *ortodoxia*, os outros se tornaram hereges e rebeldes, os quais os primeiros assumiram o dever de exterminar.[116]

Os preconceitos dos príncipes ou sua falsa política sempre os fizeram olhar seus súditos, os quais não tinham as mesmas opiniões religiosas que eles, como maus cidadãos, perigosos para o Estado e inimigos de seu poder. Se, deixando aos sacerdotes o cuidado de esvaziar suas impertinentes querelas, não tivessem perseguido seus súditos, dando importância a essas opiniões, tais querelas teriam adormecido por si mesmas ou não teriam afetado a tranquilidade pública. Se esses reis, imparciais, tivessem recompensado os bons e punidos os maus sem levar em consideração as suas especulações, o seu culto, as cerimônias, não teriam forçado um grande número de seus súditos a se tornarem os inimigos nascidos do poder que os oprimia. É à força de injustiças, de violências e de perseguições, que os príncipes cristãos em todas as épocas procuraram resgatar os hereges. O bom senso não devia ter-lhes mostrado que essa conduta somente era adequada para fazer hipócritas, inimigos ocultos, ou mesmo para produzir revoltas?[117]

Essas reflexões, porém, não são feitas para príncipes a quem o cristianismo trabalha desde a infância para encher de fanatismo e de preconceitos. A única virtude que os inspira é uma inclinação obstinada às frivolidades, um ardor impetuoso por dogmas estranhos ao bem do Estado, uma cólera arrebatadora contra todos aqueles que se recusam a se curvar as suas opiniões despóticas. Por isso, os soberanos acham mais fácil destruir do que restaurar pela doçura: seu despotismo altivo não cede ao raciocínio.

---

[116] Um sábio dizia que a religião ortodoxa era, em todo Estado, aquela à qual o carrasco pertencia. De fato, se prestarmos atenção, concordaremos que esses são os reis e os soldados que estabeleceram todos os dogmas da religião cristã. Se Louis XIV tivesse vivido, a constituição *Unigenitus** seria, hoje em dia, um artigo de fé para nós.
* Louis XIV (1638–1715) conhecido como o rei Sol. Trata-se da bula papal *Unigenitus*, assinada pelo Papa Clemente XI, em 1713, contra o Jansenismo.

[117] Louis XIV, após a revogação do Edito de Nantes, atormentou os *huguenotes* e os proibiu, ao mesmo tempo, de sair da França. Essa conduta parece tão sensata como aquela das crianças, que, após atormentarem os pássaros que estão fechados em uma gaiola, choram por os terem matado.

A religião os persuade de que a tirania é legítima e a crueldade meritória, quando se trata da causa do céu.

O cristianismo, de fato, sempre transformou em déspotas e tiranos os soberanos que o favoreceram; representou-os como divindades sobre a Terra; fez respeitar seus caprichos como a vontade do próprio céu; entregou-os aos povos como rebanhos de escravos, dos quais podiam dispor a sua vontade. Em favor do seu zelo pela religião, perdoou várias vezes os monarcas mais perversos, suas injustiças, suas violências, seus crimes e, sob pena de irritar o Altíssimo, ordenou que as nações gemessem, sem murmurar, sob o gládio que os oprimia em lugar de protegê-las. Portanto, não nos surpreendamos se, desde que a religião cristã se estabeleceu, vemos tantas nações gemerem sob tiranos devotos que não têm outro mérito do que serem cegamente apegados à religião e que, além disso, permitiam-se os crimes mais revoltantes, a tirania mais horrível, os excessos mais vergonhosos e a licença mais desenfreada. Qualquer que fossem as injustiças, as opressões, as rapinas dos soberanos, religiosas ou hipócritas, os sacerdotes tiveram o cuidado de conter seus súditos. Tampouco devemos nos surpreender de ver tantos príncipes, incapazes ou perversos, sustentarem, por vezes, os interesses de uma religião que sua falsa política necessitava para sustentar sua autoridade. Os reis não teriam necessidade da superstição para governar os povos, se fossem equitativos, esclarecidos e virtuosos, se conhecessem e executassem seus verdadeiros desejos e se se ocupassem verdadeiramente com a felicidade de seus súditos; mas, como é mais fácil se conformar aos ritos do que ter talento ou praticar a virtude, o cristianismo encontrou nos príncipes apoio, dispostos a sustentá-lo, e até mesmo carrascos dispostos a servi-lo.

Os ministros da religião não mostraram a mesma complacência para com os soberanos que se recusaram a fazer causa comum com eles, abraçar suas querelas, servir as suas paixões; se sublevaram contra aqueles que quiseram resistir-lhes, puniram seus excessos, moderaram suas pretensões ambiciosas e atingiram suas *imunidades*. Os sacerdotes bradaram à *impiedade, ao sacrilégio*; asseveraram que o soberano *metia a mão no incensário*[118*], usurpando os direitos concedidos pelo próprio Deus. Em suma, eles procuraram sublevar os povos contra a autoridade mais legítima; armaram fanáticos contra os soberanos, disfarçados de tiranos, por não terem se submetido à Igreja. O céu esteve sempre pronto para vingar as injustiças feitas a seus

---

[118] * Quer dizer que o soberano interferia nos assuntos da Igreja. (N. T.).

ministros; esses que a ninguém se submetiam, pregavam submissão aos outros apenas quando lhes era permitido dividir a autoridade ou quando eram muito fracos para resistir a ela. Eis a razão porque, no nascimento do cristianismo, vemos seus apóstolos sem poder pregar a subordinação; porém, logo que o cristianismo se viu apoiado, pregou a perseguição; e quando se viu poderoso, pregou a revolta, depôs os reis e os decapitou[119*].

Em todas as sociedades políticas onde o cristianismo se estabeleceu, subsistem duas forças rivais que lutam continuamente uma contra a outra, e nesse combate o Estado é ordinariamente destroçado. Os súditos se dividem, uns combatem pelo soberano, os outros combatem, ou acreditam combater, por seu Deus. Esses últimos devem, no fim, vencer sempre que se permitir ao sacerdócio envenenar o espírito dos povos com o fanatismo e os preconceitos. O esclarecimento dos súditos irá os impedir de se entregarem ao fanatismo; libertando-os pouco a pouco do jugo das superstições, será possível diminuir o poder sacerdotal, o qual sempre será ilimitado e mais forte que o dos reis em um país ignorante e coberto por trevas.

A maior parte dos soberanos temem que os homens se esclareçam; cúmplices do sacerdócio, aliam-se a ele para sufocar a razão e para perseguir todos aqueles que têm coragem de anunciá-la. Cegos para seus próprios interesses e os de suas nações, eles apenas aspiram comandar escravos a quem os sacerdotes farão irracionais à vontade. Vemos, assim, uma vergonhosa ignorância, um desencorajamento total reinar nos países onde o cristianismo domina da maneira mais absoluta: os soberanos, unidos com seus sacerdotes, parecem conjurar a ruína das ciências, das artes e da indústria, que somente podem ser filhas da liberdade de pensar. Entre as nações cristãs, os menos supersticiosos são os mais livres, os mais poderosos, os mais felizes. Em países onde o despotismo espiritual está em harmonia com o despotismo temporal, os povos se corrompem na inação, na preguiça e no entorpecimento. Os povos da Europa que se vangloriam de possuir a fé mais pura não são seguramente os mais florescentes nem os mais poderosos; os soberanos, eles mesmos escravos da religião, apenas comandam a outros escravos, que não têm energia nem coragem para enriquecer a si próprios nem trabalhar para a felicidade do Estado. Nesses países, somente o sacerdote é opulento, o resto padece na mais profunda indigência. Mas, que importa o poder e a felicidade das nações para uma religião que não quer que seus sectários se ocupem com sua felicidade neste mundo, que olha as riquezas

---

[119] * Para mais detalhes dessas observações feitas por Holbach, cf. DESCHNER, K. *Historia criminal del cristianismo*. Barcelona: Editorial Martínez Roca. (10 volumes). (N. T.).

como prejudiciais, que prega um Deus pobre, que recomenda a abjeção da alma e a mortificação dos sentidos? É, sem dúvida, para obrigar os povos a praticarem essas máximas que o sacerdócio, em vários Estados cristãos, apoderou-se da maior parte das riquezas, viveu no esplendor, ao passo que o resto dos cidadãos buscaram a sua salvação na miséria.[120]

Essas são as vantagens que a religião cristã proporciona às sociedades políticas; forma um Estado independente no interior do próprio Estado; torna os povos escravos; favorece à tirania dos soberanos, quando são complacentes com ela; torna seus súditos rebeldes e fanáticos, quando esses soberanos carecem de complacência. Quando concorda com a política, esmaga, degrada, empobrece as nações e as priva das ciências e da indústria; quando se separa dela, torna os cidadãos insociáveis, turbulentos, intolerantes e rebeldes.

Se examinarmos detalhadamente os preceitos dessa religião e as máximas que decorrem de seus princípios, veremos que ela proíbe tudo o que pode tornar um Estado próspero. Já vimos as ideias de imperfeição que o cristianismo atribui ao matrimônio e a estima que ele faz do celibato: essas ideias não são feitas para favorecer a população, que é indubitavelmente a verdadeira origem do poder de um Estado.

O comércio não é menos contrário às posições de uma religião, cujo fundador pronuncia o anátema contra os ricos e os exclui do reino dos céus. Toda indústria está igualmente proibida aos cristãos perfeitos, que levam uma vida provisória sobre a terra e que jamais devem se ocupar com o dia seguinte.[121]

Não seria necessário que um cristão fosse tanto temerário quanto inconsequente ao consentir servir o exército? Um homem, que nunca tem

---

[120] Por pouco que se queira calcular, ver-se-á que na Itália, na Espanha, em Portugal e na Alemanha, as rendas eclesiásticas devem exceder não somente às dos soberanos, senão também às do resto dos cidadãos. Supõe-se que a Espanha sozinha possui mais de 500 mil sacerdotes, que disfrutam de imensas rendas. Certamente, o rei da Espanha não pode contar com a sexta parte desses rendimentos para a defesa do Estado. Se os monges e os sacerdotes são necessários para um país, é preciso convir que o céu faz-lhe pagar bem caro por esses sacerdotes. A expulsão dos mouros arruinou a Espanha; no entanto, somente com a extinção dos monges é possível reabilitá-la. Mas, essa operação exige muito esforço; um rei que tentasse isso bruscamente seria, sem dúvida, destronado pelas pessoas que não sentiriam que ele lhes queria fazer o bem. É necessário, antes de tudo, que a Espanha seja instruída e que o povo esteja contente com seu senhor.

[121] São João Crisóstomo disse *que um comerciante nunca pode agradar seu Deus; que um cristão não pode ser comerciante e que deve ser expulso da Igreja*. Ele se fundamenta em uma passagem do salmo 70: "Eu não conheci o comércio" *. Se esse princípio é verdadeiro, toda a rua Saint Honoré está condenada.

* Essa passagem não corresponde ao salmo 70 em nenhuma tradução conhecida da Bíblia. Cf. HOLBACH, 2008, p. 14. (N. T.).

o direito de se presumir agradável a seu Deus ou em *estado de graça*, não é um extravagante que se expõe à danação eterna? Um cristão, que é caridoso com seu próximo e que deve amar seus inimigos, não se torna culpado dos maiores crimes, quando causa a morte de um homem, cujas disposições ignora e a quem repentinamente pode precipitar nos infernos[122,123*]. Um soldado é um monstro no cristianismo, a não ser que combata pela causa de Deus. Se ele morre, então, torna-se um mártir.

O cristianismo sempre declarou guerra às ciências e aos conhecimentos humanos, porque foram vistos como obstáculos para a salvação; *a ciência ensoberbece*, disse um apóstolo[124*]. Os homens, que devem submeter a sua razão ao jugo da fé, não necessitam nem da razão nem dos estudos. De acordo com os cristãos, os fundadores de sua religião foram homens grosseiros e ignorantes, por conseguinte, seus discípulos não deveriam ser mais esclarecidos que eles para admitir as fábulas e os sonhos que esses venerados ignorantes os transmitiam. Observou-se que os homens mais esclarecidos comumente nada mais foram que maus cristãos. Independentemente da fé que a ciência pode abalar, ela desvia o cristão da *obra da salvação*, que é a única verdadeiramente necessária. Se a ciência é útil à sociedade política, a ignorância é bem mais útil à religião e aos seus ministros. Os séculos, desprovidos da ciência e da indústria, foram os *séculos de ouro* para a Igreja de Jesus Cristo. Então, essa foi a época em que os reis estiveram mais submissos; época na qual seus ministros atraíram todas as riquezas da sociedade. Os sacerdotes de uma seita muito numerosa[125*] querem que os homens, seus submissos, ignorem até os Livros Sagrados, os quais contêm as regras que devem seguir. Sua conduta é, sem dúvida, muito sábia; a leitura da Bíblia é

---

[122] Lactâncio disse *que um cristão não pode ser nem soldado nem acusador.* Ver *tomo I, pág. 137**. Os *quakers*** e os menonitas*** não portam armas; eles são mais consequentes que os demais cristãos.

* Holbach refere-se à obra *De Divinis Institutionibus*, de Lactâncio. (N. T.).

** Os *quakers* é uma sociedade religiosa, também conhecida como movimento *quaker*, fundada na Inglaterra no século 17 por George Fox. Cf. DANDELION, P. *The Quakers*: a very short introduction. Oxford: Oxford University Press, 2008. (N. T.).

*** Os menonitas são cristãos originários da cisão anabatista, uma corrente de fé no interior do cristianismo surgida em meados do século 16 na Suíça e que se separou do catolicismo. São nomeados menonitas em homenagem a Menno Simons (1496-1561), padre holandês que renunciou ao catolicismo. Cf. DYCK, C. J. *Uma introdução à história Menonita:* uma história popular dos anabatistas e dos Menonitas. Campinas: Cristã Unida, 1992. (N. T.).

[123] * Essa passagem está dessa forma no original, ou seja, Holbach faz uma afirmação. No entanto, quando observamos o parágrafo todo parece-nos que o pensador está fazendo, de fato, uma pergunta, a qual ficaria: "Um cristão, que é caridoso com seu próximo e que deve amar seus inimigos, não se torna culpado dos maiores crimes, quando causa a morte de um homem, cujas disposições ignora e a quem repentinamente pode precipitar nos infernos?"

[124] * Paulo, em 1 Cor 8:1. (N. T.).

[125] * Novamente referindo-se aos cristãos católicos. (N. T.).

a maneira mais apropriada para desenganar um cristão do muito respeito que tem por ela.[126]

Em resumo, seguindo rigorosamente as máximas do cristianismo, nenhuma sociedade política poderia subsistir. Se duvidam dessa asserção, que escutem o que dizem os primeiros doutores da igreja, e verão que sua moral é inteiramente incompatível com a conservação e o poder de um Estado. Ver-se-á que, conforme Lactâncio, nenhum homem pode ser soldado; segundo São Justino, nenhum homem tem o direito de se casar; de acordo com Tertuliano, nenhum homem pode ser magistrado; segundo São Crisóstomo, nenhum homem deve ter comércio; para muitos outros, nenhum homem deve estudar. Enfim, unindo essas máximas àquelas do Salvador do mundo, resultará que um cristão que visa sua perfeição, conforme seu dever, é o membro mais inútil a seu país, a sua família e a todos aqueles que o rodeiam; é um contemplador ocioso que apenas pensa na outra vida, nada tendo em comum com os interesses deste mundo, nada o apressando mais do que dele sair rapidamente.[127]

Ouçamos o que disse Eusébio de Cesareia, e veremos se o cristão não é um verdadeiro fanático, de quem a sociedade não pode colher nenhum fruto. Diz ele: "O modo de viver da igreja cristã excede a nossa natureza presente e a vida comum dos homens; nela não se busca, nem núpcias, nem

---

[126] O papa São Gregório fez destruir, em um tempo, um grande número de livros pagãos. Desde o começo do cristianismo, vemos que São Paulo fez com que lhe trouxessem livros para serem queimados; método que se tornou prática na Igreja. Os fundadores do cristianismo proibiram, sob pena de condenação, que se ensinasse a ler. A Igreja romana tem feito muito para tirar os Livros Sagrados das mãos do vulgo. Desde que começaram a ler, no século 16, tudo se encheu de heresias e de revoltas contra os sacerdotes. Felizes para a Igreja aqueles tempos em que somente os monges sabiam ler e escrever e em que se titulavam. Se alguém duvida do ódio ou do desprezo que os Pais da Igreja tiveram para com as ciências, encontrará as provas nas passagens seguintes. São Jerônimo disse: *"Geometria, arithmetica, musica, habent in sua scientia veritatem, sed non ex scientia illa scientia pietatis. Scientia pietatis est noscere scripturas, et intelligere prophetas, evangelia, credere, prophetas non ignorare"*. Ver *Hieronymus, Epistulae ad Titum.* São Ambrósio disse: *"Quid tam absurdum quim de astronomia et geometria tractare, et profunda aerispatia metiri, relinquere causas salutis, errores quaerere"*. Ver São Ambrósio *De Officiis*, liber I. Santo Agostinho disse: *"Astrologia et geometria, et alia ciusmodi, ideo despecta sunt a nostris, quia nihil, ad salutem pertinent"*. Ver *Santo Agostinho, De ordinis disciplina*. A geometria, pela precisão que dá ao espírito, deveria ser *défendue* (defendida ou proibida) * em todo Estado cristão.

* Encontramos alguma dificuldade na tradução desse trecho, pois algumas traduções consultadas compreendem a palavra *défendue* como defender, outras como proibir. Se levarmos em conta que Holbach se refere aos doutores da Igreja, é bem provável que ele quis dizer: a geometria, para esses doutores, deveria ser proibida em todo Estado cristão porque ela ilumina o espírito, a mente. Se se trata de uma posição do próprio Holbach, provavelmente é: a geometria, justamente por esclarecer, deveria ser defendida, tirando, assim, os povos desses Estados cristãos da ignorância. (N. T.).

[127] Tertuliano disse: *"Nihil nostra a refert in hoc aevo, nisi de eo celeriter recedere"* *. Lactâncio fez ver que a ideia da proximidade do fim do mundo, foi uma das principais causas da propagação do cristianismo.

* Tertuliano, obra *Apologeticus adversus gentes pro christianis*. (N. T.).

filhos, nem riquezas; enfim, ela é totalmente estranha ao modo humano de viver; ela se liga apenas ao culto divino; ela é entregue apenas a um amor imenso às coisas celestiais. Aqueles que assim a seguem, quase separados da vida mortal, tendo seus corpos sobre a terra, são todos espíritos no céu, e já o habitam como inteligências puras e celestiais, desprezando a vida dos demais"[128]. Um homem fortemente persuadido das verdades do cristianismo não pode, de fato, apegar-se a nada aqui embaixo; para ele tudo é ocasião de queda, ou pelo menos o distrai de pensar em sua salvação. Se os cristãos, por felicidade, não fossem inconsequentes, não se afastassem continuamente de suas especulações sublimes, nem renunciassem a sua fanática perfeição, nenhuma sociedade cristã poderia subsistir, e as nações, esclarecidas pelo Evangelho, retornariam ao estado selvagem. Somente veríamos seres ferozes para os quais o laço social seria inteiramente destruído, passariam a vida orando e gemendo neste vale de lágrimas e se ocupariam em fazer infelizes a si mesmos e aos demais para merecer o céu.

Enfim, uma religião, cujas máximas tendem a tornar os homens intolerantes, os soberanos perseguidores, os súditos, ou escravos ou rebeldes; uma religião, cujos dogmas obscuros são objetos de eternas disputas, cujos princípios desencorajam os homens e os distraem do pensar em seus verdadeiros interesses; uma tal religião, digo, é destrutiva para toda a sociedade.

---

[128] Ver Eusébio. *Demonstratio Evangelica*, tomo II, p. 29.

CAPÍTULO XV

DA IGREJA OU DO SACERDÓCIO DOS CRISTÃOS

Em todos os tempos, sempre houve homens que souberam tirar proveito dos erros da Terra. Os sacerdotes de todas as religiões encontraram o meio de fundar seu próprio poder, suas riquezas e suas grandezas nos medos do vulgo, porém nenhuma religião teve tantas razões como o cristianismo para escravizar os povos ao jugo sacerdotal. Os apóstolos, os primeiros pregadores do Evangelho e os primeiros sacerdotes dos cristãos, são representados como homens inteiramente divinos, inspirados pelo espírito de Deus e com o qual compartilham sua onipotência. Mesmo que cada um de seus sucessores não usufrua das mesmas prerrogativas, na opinião de alguns cristãos, o corpo de seus sacerdotes ou a Igreja é continuamente iluminado pelo Espírito Santo, o qual nunca o abandona. Esse corpo sacerdotal usufrui coletivamente da infalibilidade e, consequentemente, suas decisões tornam-se tão sagradas quanto as da própria divindade, ou são originadas de uma revelação perpétua.

De acordo com essas noções tão grandes que o cristianismo nos apresenta sobre o sacerdócio, e em virtude dos direitos que deriva do próprio Jesus Cristo, esse deve comandar as nações sem encontrar qualquer obstáculo a sua vontade e obrigar os próprios reis a se dobrarem sob a sua autoridade. Não nos surpreendamos, portanto, do imenso poder que os sacerdotes cristãos exerceram por tanto tempo no mundo; ele devia ser ilimitado, uma vez que se fundou sob a autoridade do todo-poderoso; devia ser despótico, porque os homens não tiveram o direito de restringir o poder divino; devia degenerar em abuso, porque os sacerdotes que o exerceram foram homens embriagados e corrompidos pela impunidade.

Na origem do cristianismo, os apóstolos, em virtude da missão de Jesus Cristo, pregaram o Evangelho aos judeus e aos gentios; a novidade de sua doutrina os atraiu e, como se viu, fez-se prosélitos entre o povo. Os novos cristãos, cheios de fervor pelas novas opiniões, formaram em cada cidade congregações particulares que foram governadas por homens definidos pelos apóstolos; como esses haviam recebido a fé de primeira mão, conservaram sempre o direito de realizar a inspeção nas diferentes sociedades cristãs que haviam formado. Essa parece ser a origem dos *bispos ou inspetores* que, na Igreja, perpetuaram-se até nós; origem da qual os príncipes glorificam os sacerdotes do cristianismo moderno[129]. Sabemos que, nessa seita nascente, os associados puseram seus bens em comum; parece que esse foi um dever que se exigia com rigor, posto que, por ordem de São Pedro, dois dos novos cristãos foram atingidos com a morte por haver retido alguma parte de seus bens. Os fundos resultantes dessa comunidade estavam à disposição dos apóstolos e, depois deles, dos *inspetores* ou *bispos,* ou *sacerdotes,* quem os substitui; e como é necessário que o sacerdote *viva no altar,* podemos acreditar que esses bispos tiraram, com as próprias mãos, do tesouro público para pagar suas instruções. Aqueles que tentaram novas conquistas espirituais foram obrigados, sem dúvida, a se contentarem com as contribuições voluntárias dos convertidos. Por fim, os tesouros reunidos pela crédula piedade dos fiéis tornaram-se objetos da cobiça dos sacerdotes, produzindo a discórdia entre eles; cada um deles queria governar e dispor do dinheiro da comunidade: é aí que vemos iniciar as brigas, as facções junto na igreja de Deus[130]. Os sacerdotes foram sempre os primeiros a deixar de lado o fervor religioso; a ambição e a avareza logo os obrigaram a contrariar as máximas desinteressadas que ensinavam aos demais.

Enquanto o cristianismo permaneceu na objeção e foi perseguido, seus bispos e sacerdotes, em discórdia, combateram secretamente, e suas querelas jamais vieram a público. Quando, porém, Constantino quis se fortificar com a ajuda de uma facção que se tornara muito numerosa, e cuja obscuridade havia permitido que se espalhasse, tudo mudou de aspecto na Igreja[131]*. Os chefes dos cristãos, seduzidos pela autoridade e tornados cortesãos, combateram abertamente, engajaram os soberanos em suas querelas; perseguiram seus rivais; e cheios de honras e riquezas, já não reconheciam neles os sucessores desses pobres apóstolos ou *mensageiros* que Jesus havia enviado para pregar sua doutrina. Tornaram-se príncipes

---

[129] São Jerônimo claramente desaprovou a distinção entre bispos e sacerdotes ou curas. Ele afirmou que *sacerdote e bispo,* segundo São Paulo, são a mesma coisa, *antes,* ele diz, *por instigação de satã, houve distinções na religião.* Hoje em dia, os bispos, que não são bons em nada, desfrutam de grandes rendas, enquanto um grande número de curas que trabalham morre de fome.

[130] Muitas vezes, havia sangue derramado nas eleições dos bispos. Praetextatus dizia: *"Façam-me bispo de Roma, e tornar-me-ei cristão".*

[131] * Cf. DESCHNER, K. *História criminal del cristianismo.* Tradução de J. A. Bravo. Barcelona: Martínez Roca, 1990. v. 1. p. 169–270. (N. T.).

que, sustentados pelas armas da opinião, foram capazes de fazer a lei aos próprios soberanos e pôr o mundo em combustão.

O pontificado, por uma infeliz imprudência, havia sido, sob Constantino, separado do império, no entanto, os imperadores logo tiveram motivos para se arrepender. De fato, o Bispo de Roma, dessa cidade que já foi a senhora do mundo, e cujo nome, sozinho, era ainda imponente às nações, soube se aproveitar habilmente das turbulências do império, das invasões dos bárbaros, da fraqueza dos imperadores, muito distantes para vigiar sua conduta. Assim, à força de tramas e de intrigas, o Pontífice romano chegou a se sentar no trono dos Césares. Por ele, Emílios e Cipiões haviam combatido; ele foi visto no Ocidente como o monarca da Igreja, como o bispo universal, como o vigário de Jesus Cristo na terra, enfim, como o órgão infalível da divindade.[132]

Se esses soberbos títulos foram rejeitados no Oriente, o Pontífice dos romanos reinou sem concorrente na maior parte do mundo cristão, ele foi um deus na terra e, pela imbecilidade dos soberanos, tornou-se o árbitro de seus destinos; fundou uma *teocracia*, ou um governo divino, em que foi o chefe, e os reis foram seus lugares-tenentes. Ele os destronou, sublevou os povos contra eles quando tiveram a audácia de lhe resistir e suas armas espirituais por uma longa sequência de séculos, foram mais fortes que as armas temporais. Esteve em sua posse a distribuição das coroas; sempre foi obedecido pelas nações embrutecidas; dividiu os príncipes a fim de reinar sobre eles. Seu império duraria até nossos dias, se o progresso das luzes, cujos soberanos parecem, no entanto, tão inimigos, pouco a pouco não os libertassem, ou se esses soberanos, inconsequentes com os princípios de sua religião, não houvessem dado mais ouvidos à ambição do que aos seus deveres[133]. Em verdade, se os ministros da Igreja receberam seu poder do próprio Jesus Cristo resistir a esses representantes na Terra é revoltar-se

---

[132] A preeminência dos Papas, sempre contestada pelos patriarcas de Alexandria, de Constantinopla e de Jerusalém, está fundada sob um equívoco que se encontra no Novo Testamento. O Papa pretende ser sucessor de São Pedro, a quem Jesus disse: *"Tu és Pedro, e sobre esta pedra edificarei minha Igreja"* *. Porém, os melhores críticos negam que São Pedro esteve em Roma. Em relação à infalibilidade do Papa, embora muitos cristãos tenham suficiente força de espírito para negá-la, reunidas as vozes, ver-se-á que é uma verdade incontestável no espírito dos espanhóis, dos italianos, dos portugueses, dos alemães, dos flamengos, e até mesmo da maior parte dos franceses. Belarmino assegura que o Papa tem o direito de fazer injustiças. *"Jure potest contra jus decernere"* *.
* Mt 16:18-19. Cf. ASLAN, 2013, p. 280. Cf. NAU, A. J. *Peter in Matthew*. Collegeville: Liturgical Press, 1992. (N. T.).
** Roberto Francesco Romolo Bellarmine (1542–1621) foi um padre jesuíta italiano, cardeal, ferrenho opositor da reforma protestante. (N. T.).

[133] Foram a ambição e o desejo de usurpar as posses dos outros que deram aos Papas uma tão grande ascensão na Europa. Os soberanos, em lugar de se unirem contra eles, como deveriam fazer, procuraram somente atraí-los ao seu partido, obtendo deles títulos para se apoderar dos bens que excitavam seus desejos.

contra Ele. Os reis, como súditos, não podem sem crime subtrair-se da autoridade de Deus: a autoridade espiritual proveniente do Monarca Celestial deve prevalecer sobre a temporal, que emana dos homens; um príncipe verdadeiramente cristão deve ser o servidor da Igreja ou o primeiro escravo dos sacerdotes.

Não nos surpreendamos, portanto, se, nos séculos de ignorância, os sacerdotes foram mais fortes que os reis, e sempre foram, preferencialmente, obedecidos pelos povos, mais apegados aos interesses do céu que aqueles da Terra[134]. Em nações supersticiosas, a voz do todo-poderoso e de seus intérpretes deve ser muito mais ouvida do que aquela do dever, da justiça e da razão. Um bom cristão, submisso à Igreja, deve ser cego e irracional todas as vezes que ela o ordena; quem tem o direito de nos tornar absurdos tem o direito de nos incumbir dos crimes.

Por outro lado, os homens, cujo poder sobre a Terra vem do próprio Deus, não podem depender de nenhum poder: assim, a independência do sacerdócio cristão está fundada sob os princípios de sua religião: por isso, ele sempre soube valer-se dela. Não devemos, então, admirar-nos, se os sacerdotes do cristianismo, enriquecidos e dotados pela generosidade dos reis e dos povos, desconheceram a verdadeira origem de sua opulência e de seus privilégios. Os homens podem tirar aquilo que eles mesmos deram por surpresa ou por imprudência; as nações, desenganadas de seus preconceitos, poderiam um dia reclamar contra as doações extorquidas pelo medo ou surpreendidas pela impostura. Os sacerdotes sentiram todos esses inconvenientes; eles afirmavam que apenas recebiam de Deus aquilo que os homens concediam como ofertas, e, por um milagre surpreendente, as pessoas acreditaram em suas palavras.[135]

---

[134] É evidente que nos tempos de ignorância os cristãos faziam mais caso de seus sacerdotes que de seus reis. Na Inglaterra, sob o governo dos saxões, a multa que se pagava, ou que a lei fixava, pelo assassinato do arcebispo de Canterbury era muito maior que aquela que se devia pagar pela vida do monarca.

[135] Os direitos divinos dos sacerdotes, ou as imunidades eclesiásticas, remonta a longa data. Isis, que era uma deusa, doou aos sacerdotes do Egito um terço de seu reino para contratá-los a render honras divinas a Osíris, seu esposo, após sua morte. Veja-se *Diodoro da Sicília, livro II, cap. 1**. Os sacerdotes egípcios sempre desfrutaram ao menos dos dízimos e estiveram isentos de todos os encargos públicos. Moisés, que era um egípcio da tribo de Levi, assim como o Deus dos judeus, parecia ocupado apenas com a subsistência dos sacerdotes, usando os sacrifícios e os dízimos que lhes consignavam. Os sacerdotes cristãos indubitavelmente sucederam aos direitos dos sacerdotes judeus; de onde se vê que seria um grande pecado não pagar os dízimos à Igreja e um grande crime querer submetê-lo aos impostos ordinários. No *Gênesis, cap. 47, vers. 26*, encontramos *que as terras dos sacerdotes nada pagavam ao Rei*. De acordo com *Levítico, cap. 27, vers. 21 e 18*: os bens dos sacerdotes não podiam ser resgatados. Os sacerdotes cristãos, como vemos, ativeram-se à lei judaica em relação aos seus bens.

* Holbach faz referência à obra *Bibliothecae historicae*. (N. T.)

Assim, os interesses do sacerdócio foram separados daqueles da sociedade; os homens votados a Deus e escolhidos para serem seus ministros não foram mais cidadãos; eles não foram confundidos com os súditos profanos; as leis e os tribunais civis não tinham mais nenhum poder sobre eles; eles foram julgados apenas pelos homens de sua própria corporação[136*]. Consequentemente, os maiores excessos permaneceram frequentemente impunes; sua pessoa, submissa somente a Deus, foi inviolável e sacra[137]. Os soberanos foram obrigados a defender as posses dos sacerdotes e a protegê-las sem que eles contribuíssem com os encargos públicos, ou pelo menos apenas enquanto convinha a seus interesses. Em suma, esses homens venerados foram impunemente prejudiciais e perversos, viveram nas sociedades somente para devorá-las sob o pretexto de alimentá-las com instruções e de orar por elas.

Depois de 18 séculos, que frutos as nações, de fato, colheram de suas instruções? Esses homens infalíveis puderam concordar entre si sobre os pontos mais essenciais de uma religião revelada pela divindade? Que estranha revelação é aquela que necessita de comentários e interpretações contínuas? O que pensar dessas divinas escrituras que cada seita entende de maneiras tão diversas? Os povos, nutridos incessantemente pela instrução de tantos sacerdotes, iluminados pelas luzes do Evangelho, não são nem mais virtuosos nem mais instruídos sobre os assuntos mais importantes para eles. Dizem-lhes para se submeterem à Igreja, mas a Igreja nunca está de acordo consigo mesma. Ocupada ao longo dos séculos em reformar, explicar, destruir, reestabelecer sua celestial doutrina, fez com que seus ministros criassem, quando necessário, novos dogmas desconhecidos dos fundadores da Igreja. Cada época vê nascer novos mistérios, novas fórmulas, novos artigos de fé. Apesar das inspirações do Espírito Santo, o cristianismo jamais pôde alcançar a clareza, a simplicidade, a consistência, que são as provas indubitáveis de um bom sistema. Nem os *concílios*, nem os *cânones*, nem aquela enorme quantidade de *decretos* e leis que formam o código da Igreja pôde fixar os objetos de sua crença.

---

[136] * Os religiosos se submetiam ao tribunal eclesiástico. (N. T.).

[137] A causa das desavenças entre Henry II, rei da Inglaterra, e o santo arcebispo de Canterbury, Thomas Becket, residia no fato de que o monarca queria punir os eclesiásticos pelos assassinatos e os crimes por eles cometidos. Recentemente, o rei de Portugal foi obrigado a solicitar, em vão, permissão para que os jesuítas fossem julgados, acusados de estarem envolvidos no crime de lesa majestade, cometido contra sua pessoa. A Igreja não suporta a punição de seus ministros de bom grado, por isso ela *abomina o sangue*; porém, não é tão difícil quando se trata de derramar o dos outros*.

* Cf. MAUROIS, A. *História da Inglaterra*. Rio de Janeiro: Pongetti, 1959.

Se um pagão sensato quisesse abraçar o cristianismo, ele seria, desde os primeiros passos, arremessado na maior perplexidade ao ver múltiplas seitas, cada qual afirmando conduzir de forma mais segura à salvação, e se conformar de forma mais exata à palavra de Deus. Por qual dessas seitas ele ousará se decidir, vendo que elas se olham com horror e que várias dentre elas amaldiçoam impiedosamente todas as outras, que no lugar de se tolerarem, elas se atormentam e se perseguem, que aquelas que têm o poder fazem suas rivais sentirem as crueldades mais refinadas, e o furor mais antagônico à tranquilidade das sociedades? Não nos enganemos, pois, o cristianismo pouco contente em violentar os homens, para submetê-los exteriormente ao seu culto, inventou a arte de tiranizar o pensamento e de atormentar as consciências; arte desconhecida em todas as superstições pagãs. O zelo dos ministros da Igreja não se limita ao exterior, eles vasculham até os vincos do coração; violam insolentemente seu santuário impenetrável; justificam seus sacrilégios e suas engenhosas crueldades pelo grande interesse que dizem ter na salvação das almas.

Esses são os efeitos que necessariamente resultam dos princípios de uma religião que acredita que o erro é um crime digno da cólera de seu Deus. Em consequência dessas ideias, os sacerdotes, com o consentimento dos soberanos, são encarregados, em certos países, de manter a fé em sua pureza. Juízes em sua própria causa, condenam às chamas aqueles cujas opiniões parecem-lhes perigosas[138]; rodeados por delatores, eles espiam as ações e os discursos dos cidadãos, sacrificando para a sua segurança todos aqueles que os fazem sombra. Sob essas máximas abomináveis, a *Inquisição* está fundada; ela quer encontrar os culpados, bastando-lhes apenas uma suspeita para qualificá-los de que o são.

Esses são os princípios de um tribunal sanguinário que perpetua a ignorância e o entorpecimento dos povos, em que a falsa política dos reis lhes permite exercer seus furores. Em países que acreditam ser mais esclarecidos e mais livres, vemos muitos bispos que não se envergonham de firmar *fórmulas* e *profissões de fé* àqueles que dependem deles; eles fazem

---

[138] Os tribunais civis, quando são justos, têm por máxima procurar tudo o que possa tender à defesa do acusado, o tribunal da Inquisição faz exatamente o contrário. Jamais dizem ao acusado a causa de sua detenção; eles nunca o confrontam com as testemunhas; mesmo que ignore seu crime, estará, portanto, obrigado a lhes confessar. Essas são as máximas dos sacerdotes cristãos. É verdade que a Inquisição não condena ninguém à morte; os sacerdotes não podem fazer verter sangue por si mesmos, essa função é reservada ao *braço secular*; esses traiçoeiros fingem estar intercedendo pelo culpado, certos de não serem ouvidos. O que digo? Eles fariam, sem dúvida, um belo barulho se o magistrado tomasse a sua palavra. Conduta muito digna desses homens em que o interesse asfixia a humanidade, a sinceridade e o pudor.

perguntas capciosas. O que digo? Nem mesmo as mulheres estão isentas de suas investigações; um prelado quer descobrir seus sentimentos acerca das sutilezas ininteligíveis até mesmo para aqueles que os inventaram.

As disputas entre os sacerdotes do cristianismo fizeram nascer animosidades, ódios, heresias. Vemos isso desde o nascimento da Igreja. Um sistema fundado sob maravilhas, fábulas, oráculos obscuros deve ser uma fonte fecunda de querelas. No lugar de se ocuparem com conhecimentos úteis, os teólogos dedicaram-se apenas aos seus dogmas; no lugar de estudar a verdadeira moral e fazer com que os povos conhecessem seus verdadeiros deveres, eles procuraram fazer prosélitos. Os sacerdotes do cristianismo divertiram sua ociosidade com especulações inúteis de uma ciência bárbara e enigmática que, sob o nome de ciência de Deus, ou de *Teologia*, atraiu o respeito do vulgo. Esse sistema de uma ignorância presunçosa, obstinada e razoável foi tão incompreensível quanto o Deus dos cristãos. Assim, de disputas nasceram disputas. Muitas vezes, gênios profundos, dignos de serem deplorados, ocuparam-se pacificamente com sutilezas pueris, com questões desnecessárias, com opiniões arbitrárias que, longe de serem úteis à sociedade, apenas a perturbaram. Os povos entraram em querelas que jamais entenderam; os príncipes assumiram a defesa daqueles sacerdotes aos quais queriam favorecer; decidiram, com golpes de espada, a ortodoxia. A posição escolhida por eles devastou todas as outras, pois os soberanos sempre se acreditaram obrigados a se associarem às disputas teológicas, não vendo que com esse envolvimento davam-lhes grande importância. Os sacerdotes cristãos sempre recorreram à ajuda humana para sustentar suas opiniões, cuja duração acreditaram garantida por Deus. Os heróis que encontramos nos anais da Igreja não se mostram mais do que fanáticos teimosos que foram vítimas de suas loucas ideias, ou perseguidores furiosos que trataram seus adversários com a maior inumanidade, ou facciosos que perturbaram as nações. O mundo, desde os tempos de nossos pais, despovoou-se por defender extravagâncias que fazem rir uma posteridade não menos insensata que eles.

Em quase todos os séculos houve enormes queixas por parte dos povos contra os abusos da Igreja; falaram em reformá-la. Apesar dessa pretendida reforma, *entre a cabeça e entre os membros da Igreja*, ela sempre foi corrompida. Os ávidos sacerdotes, turbulentos e sediciosos, fizeram gemer as nações sob o peso de seus vícios, e os príncipes foram demasiado débeis para restabelecê-los à razão. Foram apenas as divisões e as querelas desses tiranos que diminuíram a gravidade de seu jugo para os povos e para os soberanos. O império do Pontífice romano, após haver durado por muitos séculos, foi, enfim, abalado por entusiastas irritados, por súditos rebeldes que ousaram examinar os direitos desse déspota temível. Vários príncipes, fatigados com suas escravidões e com suas pobrezas, adotaram opiniões que os possibilitaram alcançar e se apoderar dos despojos do clero. Assim, a unidade da Igreja foi destroçada, as seitas se multiplicaram e cada um combateu para defender seu sistema[139]*.

Os fundadores dessa nova seita, que o Pontífice de Roma trata de *inovadores*, de *hereges* e de ímpios, renunciaram, na verdade, a algumas de suas antigas opiniões. Porém, contentes de terem dado alguns passos em direção à razão, jamais ousaram sacudir inteiramente o jugo da superstição; eles continuaram a respeitar os livros santos dos cristãos; olharam-nos como os únicos guias dos fiéis; afirmaram encontrar neles os princípios de suas opiniões. Enfim, puseram esses livros obscuros, onde cada um pode encontrar facilmente tudo quanto queira e onde a divindade fala frequentemente uma linguagem contraditória, nas mãos de seus sectários, que, já perdidos nesse labirinto tortuoso, fizeram eclodir novas seitas.

Assim, os líderes das seitas, os supostos reformadores da Igreja, somente conseguiram ver de longe a verdade, ou apenas se assentaram em minúcias; eles continuaram a respeitar os oráculos sagrados dos cristãos, reconhecendo seu Deus cruel e bizarro; admiraram sua mitologia extravagante, seus dogmas contrários à razão. Enfim, eles adotaram os mistérios mais incompreensíveis, deixando alguns outros em suspeição[140]. Portanto, não nos surpreendamos se, apesar das reformas, o fanatismo, as disputas, as perseguições e as guerras se fizeram sentir em toda Europa. Os sonhos dos inovadores não fizeram mais do que mergulhar o continente em novos infortúnios; o sangue corre por todas as partes e os povos não foram nem mais racionais nem mais felizes. Os sacerdotes de todas as seitas sempre quiseram dominar e tornar suas decisões infalíveis e sagradas: sempre perseguiram, quando tinham o poder; as nações sempre se prestaram a seus furores; os estados sempre foram abalados por suas fatais opiniões. A intolerância e o espírito de perseguição são a essência de toda seita que tem o cristianismo por base. Um Deus cruel, parcial, que se irrita com as opiniões

---

[139] * Holbach faz referência nesse trecho à reforma que dividiu a Igreja Católica Romana em novas igrejas, abrindo caminho para tantas outras seitas futuras. (N. T.).

[140] Com que direito os protestantes, que admitem a Trindade, a encarnação, o batismo etc., rejeitam o mistério da transubstanciação? Quando se faz tanto para admitir um absurdo, por que se deter no caminho?

dos homens, não pode se acomodar em uma religião doce e humana[141]. Por fim, em toda seita cristã, o sacerdote sempre exercerá um poder que pode se tornar funesto para os Estados. Ele formará entusiastas, homens místicos, fanáticos, dispostos a provocar motins todas as vezes que se fizer ouvir que a *causa de Deus* o exige, que a *Igreja é perigosa*, que se trata de combater pela *glória* do Todo-Poderoso.

Assim vemos nos países cristãos o poder temporal servilmente submisso ao sacerdócio, ocupado em executar suas vontades, em exterminar seus inimigos, em manter seus direitos, suas riquezas e suas imunidades. Em quase todas as nações submissas ao Evangelho, os homens mais ociosos, os mais sediciosos, os mais inúteis e mais perigosos são os mais respeitados e melhores recompensados. A superstição do povo leva-o a acreditar que nunca faz o suficiente pelos ministros de seu Deus. Esses sentimentos são os mesmos em todas as seitas[142]. Por toda parte, os sacerdotes impõem aos soberanos, forçam a política a se dobrar à religião e se opõem às instituições mais vantajosas ao Estado. Eles são, em todas as partes, os professores da juventude, a qual enchem, desde a infância, de seus tristes preconceitos.

Entretanto, sobretudo nos países que permaneceram submissos ao Pontífice romano, o sacerdócio sempre gozou do mais alto grau de riqueza e de poder. A credulidade submeteu os próprios reis; esses foram somente os executores de suas vontades, muitas vezes cruéis; estiveram dispostos a tirar a espada todas as vezes que o sacerdote os ordenou[143]. Os monarcas da seita romana, mais cegos que todos os outros, tiveram uma confiança imprudente nos ministros da Igreja, a qual foi quase sempre a causa de se prestarem as suas opiniões ambiciosas. Essa seita eliminou todas as outras com suas furiosas intolerâncias e perseguições atrozes. Seu

---

[141] Calvino queimou Servet* em Genebra. Embora os sacerdotes protestantes permitam a seus sectários o direito de examinar sua doutrina, eles os punem, quando o fruto desse exame não está conforme as suas interpretações. As igrejas protestantes não se vangloriam de serem infalíveis, porém querem que sigamos suas decisões como se o fossem. Por causa dessas querelas religiosas e por falta de tolerância, Charles I** foi decapitado. Embora as nações protestantes se vangloriem de serem tolerantes, a diferença na religião impõe grandes diferenças entre os cidadãos: o calvinista, o luterano e o anglicano odeiam o papista e o desprezam, do mesmo modo que o papista os condena. Por toda parte, a seita dominante faz sentir cruelmente sua superioridade sobre as demais.
* Miguel Servet (1511–1553). Foi um médico e teólogo espanhol condenado por negar o dogma da Santíssima Trindade. (N. T.).
** Charles I (1600–1649), monarca inglês decapitado por seu autoritarismo e por desrespeitar ou criar diversos documentos que desagradaram o povo inglês; por exemplo, a tentativa de obrigar os escoceses a praticar o anglicanismo. (N. T.).
[142] Excetuo, entretanto, os *Quakers*, ou *Trembleurs*, que têm o bom senso de não quererem sacerdotes em sua seita.
[143] *Ad nutum sacerdotis*, como disse o amável São Bernardo.

temperamento turbulento e cruel tornou-a, com razão, odiosa às nações menos irracionais, quer dizer, menos cristãs.[144]

Não nos surpreendamos, a religião romana foi puramente inventada para tornar o sacerdócio todo-poderoso. Os sacerdotes tiveram o talento de se identificarem com a divindade, a causa de Deus sempre foi a sua causa, sua glória tornou-se a glória de Deus, suas decisões foram oráculos divinos, seus bens pertenciam ao reino celestial; seu orgulho, sua avareza e suas crueldades foram legítimas para os interesses de seu Mestre Celestial. Além do mais, nessa seita o sacerdote viu o soberano aos seus pés, a lhe confessar humildemente suas culpas e a lhe pedir reconciliação com seu Deus. Raramente se viu o sacerdote usar de seu sagrado ministério para a felicidade dos povos; não pensou em repreender os monarcas pelo abuso injusto de seu poder, pelas misérias de seus súditos e pelas lágrimas dos oprimidos. Muito tímido, ou muito bom cortesão para fazer estrondear a verdade em seus ouvidos, nada os dizem dessas vexações múltiplas sobre as quais gemem as nações desses impostos onerosos que os oprimem, dessas guerras inúteis que as destroem, dessas invasões perpétuas dos direitos do cidadão. Esses objetos não interessam à Igreja, apesar de que seriam, pelo menos, de alguma utilidade, se ela empregasse seu poder para pôr um freio aos excessos dos tiranos supersticiosos[145]. Os terrores do outro mundo seriam mentiras perdoáveis, se servissem para fazer os reis tremerem. Não foi esse o objetivo dos ministros da religião; dificilmente buscaram os interesses dos povos; santificaram a tirania; eram indulgentes com os crimes reais; forneciam-lhes expiações brandas; prometiam-lhes o perdão do céu, se entrassem calorosamente em suas querelas. Assim, na religião romana, o sacerdócio reinou sobre os reis e, consequentemente, assegurou o domínio sobre os súditos. A superstição e o despotismo fizeram, então, uma aliança eterna e reuniram seus esforços para tornar os povos escravos

---

[144] Deus rejeita os fracos: todo cristão deve ter zelo, porque deve amar ternamente seu Deus. Um rei cristianíssimo deve exterminar a todos antes de permitir que seus súditos ofendam a seu Deus. Felipe II e Louis XIV foram reis verdadeiramente cristãos*. Os ingleses e os holandeses são cristãos tíbios e covardes, que preferem a prosperidade do Estado e do comércio aos interesses da religião. No cristianismo, tolerância e indiferença pela religião tornaram-se sinônimos. Como podemos abraçar o partido da tolerância em uma religião cujo fundador disse: *Quem não está comigo, está contra mim?* **

* Ambos tentaram implantar à força o catolicismo. Felipe II, rei da Espanha (1527–1598) acreditava ter sido escolhido por Deus para preservar o catolicismo.

** Cf. Mt 12:30, Lc 11:23. (N. T.).

[145] O Marechal de D** dizia a Louis XIV: *Compreendo bem que Vossa Majestade possa encontrar um confessor que, para obter crédito, o absolve; mas não compreendo como o padre Le Tellier encontra alguém para absolvê-lo.*

* Michel Le Tellier (1643–1719), jesuíta e confessor de Louis XIV. (N. T.).

e infelizes. O sacerdote subjugou os súditos com terrores religiosos para que o soberano pudesse os devorar; o soberano, em recompensa, concedeu ao sacerdote a licença, a opulência, a grandeza e se comprometeu a destruir todos seus inimigos.[146]

O que diremos desses doutores que os cristãos chamam *casuístas*, desses supostos moralistas que quiseram medir até onde as criaturas podem, sem arriscar sua salvação, ofender seu criador? Esses homens profundos enriqueceram a moral cristã com uma ridícula tarifa de pecados; eles sabem o grau de cólera que cada pecado excita na bile do ser supremo. A verdadeira moral tem apenas uma medida para julgar as faltas dos homens; as mais graves são aquelas que mais prejudicam a sociedade. A conduta que causa danos a nós mesmos é imprudente e irracional, aquela que causa danos aos demais é injusta e criminosa.

Tudo, até mesmo a ociosidade, é recompensada pelos sacerdotes do cristianismo. Ridículas fundações servem para sustentar na prosperidade uma multidão de mandriões que devoram a sociedade sem lhe dar qualquer ajuda. Os povos, já sobrecarregados com impostos, encontram-se atormentados por sanguessugas que os fazem comprar caros orações inúteis ou que as fazem negligentemente. Enquanto o homem de talento, o sábio industrioso, o militar corajoso perecem na indigência ou apenas têm o necessário, os monges preguiçosos e os sacerdotes ociosos disfrutam de uma abundância vergonhosa para os Estados que a toleram.[147]

Em suma, o cristianismo torna as sociedades cúmplices de todos os males que os ministros da divindade lhes causam. Nem a inutilidade de suas orações, provada pela experiência de tantos séculos, nem os efeitos sangrentos de suas funestas disputas, nem mesmo seus transbordamentos e seus excessos foram capazes ainda de desenganar as nações desses homens divinos, cuja existência eles têm a simplicidade de crer que depende sua salvação.

---

[146] As nações católicas são as mais ignorantes e as mais escravas da Europa; a escravidão religiosa arrasta à escravidão política. Os sacerdotes da Igreja romana parecem que fazem aos soberanos a mesma proposição que o diabo fez a Jesus Cristo, quando o tentou no deserto: *Hæc omnia tibi dabo, si cadens adoraveris me**. Entregaremos todos os súditos de pés e mãos atados sempre que quiseres submeter-se as nossas fantasias.
* Cf. Mt 4:9 (N. T.).
[147] A sátira mais forte já feita dos sacerdotes do cristianismo está contida em *São Mateus, cap. 23*. Tudo o que Cristo disse ali dos escribas e dos fariseus convém exatamente aos nossos sacerdotes. Na parábola do samaritano, Jesus Cristo faz-nos entender que os sacerdotes são, entre todos os homens, os menos humanos. É raro entre nós que os mendigos se dirijam a um eclesiástico.

CAPÍTULO XVI

CONCLUSÃO

Tudo o que foi dito até aqui prova, da maneira mais clara, que a religião cristã é contrária à sã política e ao bem-estar das nações. Ela pode ser vantajosa somente para príncipes desprovidos de ilustração e de virtudes, que se acreditam obrigados a reinar sobre escravos e que, para despojá-los e tiranizá-los impunemente, unem-se ao sacerdócio, cujas funções sempre foram de enganá-los em nome do céu. Porém, esses príncipes imprudentes devem se lembrar que, para ter sucesso em seus projetos, não podem deixar de ser, eles mesmos, escravos dos sacerdotes e que esses empregariam infalivelmente suas armas sagradas se lhes faltassem à submissão ou resistissem a servir suas paixões.

Vimos acima que a religião cristã, por suas virtudes fanáticas, suas perfeições insensatas e seu zelo, não é menos prejudicial à sã moral, à reta razão, à felicidade dos indivíduos e à união das famílias. É fácil sentir que um cristão, que propõe um Deus lúgubre e sofredor como modelo, deve se afligir e se tornar infeliz. Se este mundo não é mais que uma passagem, se esta vida não é mais que uma peregrinação, seria muito insensato apegar-se a alguma coisa aqui embaixo. Se seu Deus está ofendido, seja pelas ações, seja pelas opiniões de seus semelhantes, deve, se está em seu poder, puni-los com severidade, caso contrário, faltaria zelo e afeição por esse Deus. Um bom cristão ou deve fugir do mundo, ou se tornar incômodo a si mesmo e aos demais.

Essas reflexões podem bastar para responder àqueles que pretendem que o cristianismo é útil à política e à moral e que, sem a religião, o homem não pode ser virtuoso, tampouco bom cidadão. O inverso dessa proposição é muito mais verdadeiro, e podemos assegurar que um cristão perfeito, consequente aos princípios de sua religião, que quisesse imitar fielmente os homens divinos propostos por ela como modelos, que praticasse a austeridade, que vivesse na solidão, que dirigisse seu entusiasmo, seu fanatismo, sua teimosia na sociedade, tal homem, digo, não teria virtude real alguma, seria ou um membro inútil ao Estado, ou um cidadão incômodo e perigoso.[148]

Se acreditarmos nos partidários do cristianismo, parece que não existe moral nos países onde essa religião não está estabelecida. No entanto, uma olhada superficial sobre o mundo prova-nos que há virtudes em todas as partes; sem elas, nenhuma sociedade política poderia subsistir. Entre os chineses, indianos e maometanos, existe, sem dúvida, bons pais, bons esposos, filhos dóceis e reconhecidos, súditos fiéis a seus príncipes. As pessoas de bem seriam, assim como nós, mais numerosas, se fossem bem governadas e se uma sábia política, em lugar de lhes ensinar desde a infância religiões insensatas, desse-lhes leis equitativas, ensinasse-lhes uma moral pura, e não depravada pelo fanatismo, convidasse-lhes a fazer o bem por meio de recompensas, e lhes desviasse do crime com punições sensatas.

De fato, repito, parece que por toda parte a religião apenas foi inventada para poupar os soberanos de serem justos, de fazerem boas leis e de bem governarem. A religião é a arte de embriagar os homens com o entusiasmo para impedi-los de se ocuparem com os males que os governantes utilizam para os oprimir aqui embaixo. Com a ajuda de poderes invisíveis, com os quais ameaçam, forçam-nos a sofrer em silêncio as misérias com que são afligidos pelos poderes visíveis, fazendo-os ter esperança de que, ao consentirem em ser infelizes neste mundo, tornar-se-ão mais felizes no outro.

Foi assim que a religião tornou-se a mola propulsora de uma política injusta e covarde, que acreditava ser preciso enganar os homens para governá-los mais facilmente. Longe dos príncipes esclarecidos e virtuosos esses meios tão baixos; que aprendam seus verdadeiros interesses; que saibam que estão associados àqueles de seus súditos e que, eles próprios, não podem ser realmente poderosos, se não forem servidos por cidadãos corajosos, ativos, trabalhadores e virtuosos, apegados à pessoa de seu senhor. Que esses senhores saibam, enfim, que a adesão de seus súditos só pode se fundar sob a felicidade que lhes proporcionam. Se os reis estivessem imbuídos

---

[148] Nossos sacerdotes gritam sem cessar contra os incrédulos e filósofos, a quem tratam de *súditos perigosos*. No entanto, se olharmos a história, jamais encontraremos que os filósofos tenham causado revoluções nos Estados. Porém, em compensação, não veremos revoluções das quais os povos da Igreja não tenham mergulhado. O dominicano que envenenou o imperador Henry VI com uma hóstia, Jacques Clément, Ravaillac* não eram incrédulos. Não eram filósofos mas cristãos fanáticos, aqueles que conduziram ao cadafalso Carlos I. Foi o ministro Gomarus**, e não Spinoza, quem pôs fogo na Holanda etc., etc., etc.

* Jacques Clément (1567–1589), monge dominicano francês responsável pelo assassinato de Henri III, rei francês. François Ravaillac (1577–1610) foi um católico francês fervoroso que assassinou o rei Henri IV, rei de França. (N. T.).
** Franciscus Gomarus (1563–1641) foi um teólogo conservador calvinista nascido na região de Flandres, hoje Bélgica. (N. T.).

dessas importantes verdades não teriam necessidade nem de religião nem de sacerdotes para governar as nações. Que sejam justos e equitativos, que sejam exatos em recompensar os talentos e as virtudes e em desencorajar a inutilidade, os vícios e o crime, e, em breve, seus Estados encher-se-ão de cidadãos úteis, os quais sentirão que seu próprio interesse os convida a servir a pátria, a defendê-la, a apreciar o soberano que será instrumento de sua felicidade. Assim, não irão necessitar nem de revelação, nem de mistérios, nem do paraíso, nem do inferno para cumprir seus deveres.

A moral será sempre vã, se não for apoiada pela autoridade suprema. O soberano deve ser o verdadeiro pontífice de seu povo; é a ele unicamente que compete o ensino da moral, o convite à virtude, forçar à justiça, dar bons exemplos e reprimir os abusos e os vícios. Ele enfraquece seu poder assim que permite que se eleve em seus Estados um poder, cujos interesses estejam separados dos seus, cuja moral nada tenha de comum com aquilo que é necessário aos seus súditos, cujos princípios sejam diretamente contrários àqueles que são úteis à sociedade. Por haver confiado a educação a sacerdotes entusiastas e fanáticos, os príncipes cristãos têm em seus Estados apenas supersticiosos que não possuem outra virtude a não ser uma fé cega, um zelo exaltado, uma submissão pouco racional a cerimônias pueris. Em suma, noções bizarras que não têm influência alguma sobre sua conduta ou não a tornam melhor.

Apesar das bem-aventuradas influências que se atribuem à religião cristã, vemos mais virtudes naqueles que a professam do que naqueles que a ignoram? Os homens, redimidos pelo sangue do próprio Deus, são mais justos, mais regrados e mais honestos que os demais? É indubitável que entre esses cristãos, tão convencidos de sua religião, não encontramos opressores, ladrões, fornicadores, adúlteros? Entre esses cortesãos cheios de fé, não vemos nem intrigas, nem perfídias e nem calúnias? Entre esses sacerdotes, que anunciam aos demais dogmas temíveis, punições terríveis, como não encontraríamos injustiças, vícios e perversidade? Enfim, são incrédulos ou *espíritos fortes* aqueles infelizes, os quais são conduzidos ao suplício todos os dias pelos seus excessos? Todos esses homens, para quem a religião não é um freio, são cristãos que violam sem cessar os deveres mais evidentes da moral, que ofendem conscientemente um Deus a quem irritaram e que se lisonjeiam de poderem na morte, por um arrependimento tardio, apaziguar o céu que eles ultrajaram durante toda o curso de sua vida.

Não podemos negar, entretanto, que a religião cristã às vezes serve com um freio para algumas almas timoratas que não têm o ardor nem a infeliz energia que leva a cometer grandes crimes, nem o endurecimento que se contrai pelo hábito ao vício. Todavia, essas mesmas almas tímidas teriam sido honestas mesmo sem a religião. O temor de se tornarem odiosos aos seus semelhantes, de se exporem ao desprezo, de perderem sua reputação teria igualmente retido homens dessa índole. Aqueles que são suficientemente cegos para calcar seus pés nessas considerações desprezaram-nas igualmente, apesar de todas as ameaças da religião.

Não se pode negar também que o temor a um Deus que conhece os pensamentos mais secretos dos homens seja um freio para muitas pessoas; porém, esse freio nada pode sobre as fortes paixões, cuja propriedade é cegar todos os objetos prejudiciais à sociedade. Por outro lado, um homem habitualmente honesto não necessita ser visto pelo bem que faz. Ele teme ser obrigado a se desprezar, ser forçado a se odiar, sentir remorso, sentimentos horríveis para qualquer um que não tenha se fortalecido no crime. Assim, não nos digam que sem o temor de Deus o homem não pode sentir remorsos. Todo homem que recebeu uma educação honesta é forçado a sentir em si mesmo um sentimento doloroso, misturado com vergonha e medo, todas as vezes que considera as ações desonrosas com as quais pôde se sujar. Muitas vezes, ele julga a si mesmo com maior severidade do que fariam os outros; receia os olhares de seus semelhantes e quereria fugir de si mesmo. É isso que constitui o remorso.

Em suma, a religião não põe nenhum freio às paixões dos homens que a razão, a educação e a sã moral não possam dispor de maneira mais eficiente. Se os malvados estivessem seguros de que seriam punidos, todas as vezes que lhes viesse ao pensamento cometer uma ação desonesta seriam forçados a desistir. Em uma sociedade bem constituída, o desprezo deveria sempre acompanhar o vício e o castigo seguir o crime. A educação, guiada pelo interesse público, deveria sempre ensinar aos homens a se estimarem, a recearem o desprezo dos outros, a temerem a infâmia mais que a morte. Mas, essa moral não pode ser do gosto de uma religião que diz ao homem para se desprezar, odiar-se, fugir da estima dos demais, procurar agradar apenas a um Deus, cuja conduta é inexplicável.

Enfim, se a religião cristã, como se afirma, é um freio aos crimes ocultos dos homens, se ela opera efeitos saudáveis sobre alguns indivíduos, essas vantagens tão raras, tão débeis, sem dúvida, podem ser comparadas aos males visíveis, seguros e imensos que essa religião produziu sobre a Terra? Alguns crimes obscuros prevenidos, algumas conversões inúteis à sociedade, alguns arrependimentos estéreis e tardios, algumas fúteis restituições podem entrar na balança diante das dissenções contínuas, das sangrentas guerras, dos massacres horríveis, das perseguições, das crueldades inauditas, cuja religião cristã foi a causa e o pretexto desde sua fundação? Essa religião arma nações inteiras para suas destruições recíprocas; leva o fogo ao coração de milhões de fanáticos; leva perturbações às famílias e aos Estados; rega a terra com lágrimas e sangue por se contrapor a um pensamento reservado que ela procura sufocar. Que o bom senso decida, depois disso, as vantagens que proporciona aos cristãos a *boa nova* que seu Deus veio lhes anunciar.

Muitas pessoas honestas, convencidas dos males que o cristianismo faz aos homens, não deixam de olhar como um mal necessário e que não poderiam, sem perigo, buscar erradicá-lo. O homem, dizem-nos, é supersticioso, porque desde a infância tudo contribui para que assim o seja; ele espera sua felicidade em suas quimeras, porque seu governo muitas vezes lhe recusa a realidade; ele não se irritará contra seus soberanos quando eles lhes fizerem o bem; os soberanos serão, então, mais fortes que os sacerdotes e que seu Deus.

O soberano, de fato, é o único que pode conduzir os povos à razão; ele obterá sua confiança e seu amor, fazendo-lhes o bem; desenganar-lhes-á pouco a pouco de suas quimeras, se ele próprio se desenganar. Ele impedirá a superstição de causar prejuízo, desprezando-a; por nunca se misturar em suas fúteis querelas, ele as dividirá; autorizando a tolerância das diferentes seitas, essas lutarão entre si, irão se desmascarar e se tornar mutuamente ridículas. Enfim, a superstição desaparecerá por si só, se o príncipe, dando liberdade aos espíritos, permitir que a razão combata suas loucuras. A verdadeira tolerância e a liberdade de pensar são os meios mais apropriados para neutralizar o fanatismo religioso; ao pô-las em uso, um príncipe sempre será senhor de seus Estados; seu poder não se dividirá com os sacerdotes sediciosos, que não terão poder contra um príncipe esclarecido, firme e virtuoso. A impostura é tímida, as armas caem de suas mãos na presença de um monarca que ousa desprezá-la e que é sustentado pelo amor de seus povos e pela força da verdade.

Se uma política criminosa e ignorante em quase todas as partes foi usada pela religião para escravizar os povos e torná-los infelizes, que uma política virtuosa e mais esclarecida enfraqueça-a e a aniquile pouco a pouco para tornar as nações felizes. Se até agora a educação somente serviu para formar entusiastas e fanáticos, que uma educação mais sensata forme bons cidadãos. Se uma moral apoiada pelo maravilhoso e fundada no futuro não foi capaz de pôr um freio nas paixões dos homens, que uma moral estabelecida sob as necessidades reais e presentes na espécie humana prove-lhes que, em uma sociedade bem constituída, a felicidade é sempre a recompensa da virtude; a vergonha, o desprezo e os castigos são o prêmio do vício e os companheiros, do crime.

Assim, que os soberanos não temam em ver seus súditos desenganados por uma superstição que os escraviza e que, depois de tantos séculos, opõe-se à felicidade de seus Estados. Se o erro é um mal, que lhe oponham a verdade; se o entusiasmo é prejudicial, que o combatam com as armas da razão; que releguem à Ásia uma religião nascida pela imaginação ardente do oriente; que nossa Europa seja racional, feliz e livre; que se veja reinar os costumes, a atividade, a generosidade de alma, a indústria, a sociabilidade, o descanso; que à sombra das leis o soberano comande e o súdito obedeça; que ambos desfrutem de segurança. Não será permitido, pois, à razão a esperança de algum dia espalhar um poder usurpado depois de tanto tempo, pelo erro, pela ilusão e pelo prestígio? As nações não renunciarão às esperanças quiméricas para pensar em seus verdadeiros interesses? Não sacudirão o jugo desses sacerdotes soberbos, esses tiranos sagrados que se interessam unicamente pelos erros terrenos? Não, não deixemos de acreditar; a verdade deve, no fim, triunfar sobre a mentira: os príncipes e os povos, fatigados de sua credulidade, recorrerão a ela; a razão romperá suas correntes; os grilhões da superstição romper-se-ão a sua voz soberana, feita para comandar sem partilhar com outros seres inteligentes. *Amém.*

FIM